教師のための力量形成の深層

多賀一郎・堀 裕嗣 著

黎明書房

まえがき

堀裕嗣×多賀一郎の『深層シリーズ』第三弾です。

今回が一番すらすらと書けたような気がします。それは、僕らがこういう形の本の作り方に習熟してきたことと、今回のテーマが語りやすいものであったということなのでしょう。

いやあ、面白い本ができたと自画自賛したい出来ですよ。

「教師の力量形成」という言葉はよく使われる言葉ですが、「力量」とは何のことでしょうか。いろいろとご意見はあるでしょうが、僕は山を築いていくようなものだと思っています。

教師は、若い頃はいろいろな先輩方を目標として切磋琢磨します、目標とする教師に追いつきたい、あわよくば追い越したいと願いながら。しかし、そうやって実践をある程度積み重ねてきたときに、ふと立ち止まって、自分の足跡を振り返って気づくのです、

「ああ、自分は、自分の山を築いてきたのだなあ。」

と。

教師は一人ひとりが自分の山を築いていくのです。ある教師は学級づくりを中心とし、ある教師は一つの教科で自分のスタイルを確立し、ある教師は特別活動の実践家として名をはせ……。みん

な自分だけの山を築いていくのです。その山の大きさが「力量」だと思います。大きさも質も全て違っている自分に合った自分だけの山です。

この本では、二十代、三十代、四十代、五十代、それぞれにおける力量形成の在り方について、堀さんと僕がそれぞれまとめています。堀さんは、これから五十代に入っていくわけですから、未知の世界について語るということになります。

この中で我々の語っていることには、その世代の先生方にとって耳の痛い話もたくさんあると思います。別にご意見番として上からものを言うつもりは全くありません。

僕の場合は自分の経験と回りの先生達の生き方を見つめてきた総括として書いています。

堀さんの場合は、あの鋭い眼力で気持ちよくズバッと言い放っているという感じですね。（笑）

それぞれの世代別に二人の書いたことを読み比べても面白いし、僕、堀さんそれぞれの考えの流れを二十代～五十代にかけて読み通すと、また違った読みとり方ができると思います。

僕自身は、激動の五十代をぜひとも読んでいただきたいと思っています。

続いて、「読書術」と「手帳術」というジャンルで書いています。同じようなタイトルで堀さんが編集した『ＴＨＥ教師力』シリーズ（明治図書）の本があり、二人とも小稿を寄せていますが、それとは全く違った視点、「教師の力量形成につながる」という視点で今回は書いています。

読書の質が大切だと言うことが、二人の話から読み取れることでしょう。

一読して全て分かってしまうような教育書は教育書に値しないと思いますし、教育書だけしか読まなければ力量形成の読書にはならないとも考えています。

僕も堀さんも読書を通じて自分を広げてきたし、結局、その部分において話のできることが、二人がこのような本を出し続けることの出来る源になっているように思います。

また、手帳術として、どうして僕らが速いサイクルで著書を書き続けることができるのか（とは言うものの、最近の堀さんのペースにはついていけないですが……笑）ということも、示せたのではないかなと思っています。

僕らは『深層シリーズ』を通して、もっともっと歯に衣着せぬ物言いをしていこうと思っています。そして、それに対して、さらなる議論を僕たちに返してくださることを切に願います。

二〇一六年　春

多賀一郎

目次

目　次

第七章　手帳による力量形成

目次

第一章　対談　力量形成の深層

一　「出過ぎる杭」と「出るべきでもない杭」

多賀　この前、赤坂真二（上越教育大教授）とやりとりしていたときに、「教師は本来、ジェネラリストでなければならないのに、スペシャリストを求めすぎている」という話になりました。これからの教師の力量として、自分だけがスペシャルな教師になっても力量があるとは思えません。その教師の存在が、周りの教師たちにとってもプラスに働かないと、これからの力量ある教師としては認められないと思っています。堀さんも、当たり前の教師がやったらふつうにできるということが大切だと、ときどき語っていますよね。その辺りと共通することだと思います。ここは、中学と小学校との違いもあると思うんですが、堀さんはどう思いますか？

堀　まあ、教職を志す人っていうのはやはりジェネラリストよりはスペシャリストを目指して志しますよね。結局、教職ってのは出世とか学校経営への参画による自己実現っていうのはあまりイメージされなくて、子どもたち相手のその仕事自体に自己実現が内在しているようなイメージをもたれている。一般的にもそうですし、教師を目指す若者たちにとってもそう。だから、スペシャリストを目指すこと自体は、若いうちは仕方ないのかなと感じてますけどね。問題はいい年して、スペシャリストたる自分のスペシャリティをどんどん先鋭化することだけで天狗になっている中年教師ですよね（笑）。いい年こいて自分しか見えていない中年教師（笑）。

多賀　「いい年こいて……」笑笑。確かに若いときは、それでいいと思います。僕も、二十代は一緒に学年を持った相担任を叩きつぶすくらいの感覚でやっていました。研ぎ澄ましていきましたね。でも、いい年こいた時に変わってきました。中年になったときに、そこを変われるか変われないかの違いは大きいと思います。後者は、スペシャルを先鋭化することでしかアイデンティティを得られなくなっていくのでしょう。

堀　僕はその感覚って、ほんとにスペシャリストとして成り立っているのかどうかさえ怪しいと思うんですよね。自分のためだけに生きてるだけなんじゃないかって。だって、子どものためにを考えられる教師は、隣の若手教師のためにも考えられるはずでしょう。どう考えても。

多賀　僕もそう思っています。自己満足というか、自分主義というか。きつい言い方になるかも知れませんが、こういう方は僕らの本は読まないだろうから、まあいいでしょう。こういう教師は、他の教師に対して優越感を持っていて、それをちらちらと子どもたちに示しているときがあります。バカにしているとまでは言いませんが、共に生きる仲間としての意識がないですね。ただし、僕も若いときはそうでしたから、言えるんですけど。先輩に「あんたは、他人を認めない」と言われて、「あんな連中のどこを認めるんですか」なんて言い返しましたから。

堀　僕はねえ、もともとそれがなかったんですよねえ。少なくとも同僚に対してはなかったですねえ。学級経営は一人じゃできない、学年の運営に参画する、そういう意識が新卒からありましたねえ。まあ、そういう学年集団だったんでしょうね。ただ、認める認めないはかえって外にありましたね。国語の授業づくりの研究会なんかに行くと、先輩教師に対してでも「あんな提案は認められない」みたいなものは確かにありましたけど。でも、それは国語科授業研究の主義主張であって、同僚同士の共同性がないのとはちょっと質が違いますよね。

多賀　だからさ、今の二人のキャラ設定で言うと、実は全く逆だってことですかね。笑笑。僕は国語の研究会では、圧倒されることが多くて、小さくなっていましたよ。

堀　嘘つき！（笑）

多賀　ほんとだよ。僕が教師になった頃は、凄い人たちが小学校の国語にはいて、松山市造、野村純三、亀村五郎、山本正次、氷上正、他、僕の研究会にも理論的実践者が多数いたんですよ。相手が凄すぎて言われたことを調べて理解するのに必死でした。

堀　うらやましいねえ。公立ではねえ、研究ってのは出世の道具ですから、みんな中途半端なんですよ。それがなんとも腹立たしくて、納得できなかったですねえ（笑）。こっちはおもしろいからやってるだけだったから。

多賀　そうなんだ。笑笑。おもしろいっていうのは、追究したいってことでしょ。僕、今回の手帖術のために昔のノートを読み返していたら、純粋に追究していたことが改めて分かりました。出世のための研究なんて、所詮は大したものにはならないですね。

堀　でも、自分たちではそう思ってないんだよね。だからやっかいなんですよ。地域の指導主事とかが中心になって、文科省の研修会に参加して、教科調査官の言ったことを受け売りして地元に流すのが正しい研究だと思ってるわけだから（笑）。

多賀　それはつまらない。大きな組織にくっついていくことは、自分の力量形成ではマイナスですね。堀さんも書いているけれども、若いうちから大きな流れの一員になると、そこから抜け出るような幅の広いものが作れないと思いますね。

堀　そう。間違いなくそれは言えますね。でも、それはある程度、地力のある人の話で、地力のない人は組織の一員としてやっていった方が幸せなのかもしれない。そういう面もある。きっと組織の後ろ盾がなくてもやっていける人って、僕らが思ってるよりもずーっと数が少ないんじゃないかって最近思うようになりましたね。地力があって、しかもある種の変人である必要もある（笑）。

多賀　でも、力のない人が、組織の一部と勘違いして勘違いの実践を滔々と語っているのも見かけますよ。「この人に教えてもらっている子どもたちって、かわいそう」と思ってしまいます。

堀　それは官製ですか？　民間ですか？

多賀　民間です。

堀　でしょ？　民間だとそういうことがありますよね。僕が言ってる「組織」は官製研の組織のことですから。官製研だと実践手法は地域に馴染んでますから孤立することはない。地域からも、同僚からもね。でも、民間組織に所属して、周りにその組織に所属する人がいないっていう状況は孤立しますよね。子どもたちも可哀想ですけど、その先生も可哀想。その民間組織の長がそういう地域で孤軍奮闘せざるを得ない若者への配慮がないのね。その若者も素直だから従ってしまう。なにかトラブルが起きた場合には闘ってしまう。おそらくそういうことなんだと思う。だから、実はその組織の長こそが、いい年こいて若者のことを考えない自称「スペシャリスト」なんですよ。だから、自称「スペシャリスト」にも校内からかなり大きな組織の長まで様々なレベルがあるんだと思うんですよね。

多賀 そういう組織の長というスペシャリストは、もしも今、学級担任持ったらぼろぼろになるような気がするんだけど。時代に合わせて変わっていくものってあるでしょ。ある時期に通用したことが、通用しなくなることだってあります。

堀 例えば？

多賀 突っ込んできますねえ。笑笑。例えば、今の小学校の教室では、発達障碍の問題が学級づくりに大きな影をおとしています。十年前とは、全く対応の仕方を変えなくてはならなくなっています。特に小学校ではきついです。これは教師の個性が大きく影響します。そんなことを考えなければならないのですから、「誰でも追試できる」ような発想では難しいです。

堀 例えば、向山さんのこと言ってるんだったら、それは当たらないと思うな。もしも向山さんが現役だったら、現在の子どもたちへの対し方をちゃんと開発すると思いますよ。でも、それは年齢的な問題、世代的な問題であって、向山さんは現役ではないわけだから仕方ない。

多賀 うーん。組織の理念と組織の長のとらえ方とを混同してしまっていましたね。しかも僕は向山さんじゃない方をイメージしていました。この話は、危ない危ない。元にもどしましょう。

若者のことを語りたいです。僕はたくさん学校現場を回って、多くの若い教師と接していま す。もちろん自分の学校では若手を預かって指導していますし、学生に教えにも行っています。その中で、「この子は今は大したこと無いけど、この先きっと伸びてくるだろうなあ」と思う若者がいます。こうした若者には、素直さというものが共通してあります。途中から潰れていく者には、この素直さがありません。ところがですよ、自分を振り返ったり、僕の友人の実践家を振り返ったりしたときに、頑固で簡単に人の話にのらない面が強いんです。僕なんて、絶対に素直な若者じゃなかったわけです。それで僕は、素直が大事と言いながら、簡単に素直にならない若者がけっこう好きなんですよね。

堀

これはねえ、想定される力量、目指される力量がどの程度かという場合分けの発想を抜きに語れないと思うんですよね。例えば、将来的に多賀一郎とか堀裕嗣のように何らかの提案をどんどんしていくような、そういうレベルを想定したら、若い頃はみんな頑固で他人の言うことなんか聞かないという人からしかそういう人材は出ませんよね。石川晋だって赤坂真二だって岩瀬直樹だって、きっと若い頃に素直に周りにあわせていたタイプではないでしょう。そういうレベルで考えたら、「頑固で簡単に人の話に乗らないこと」は良きことになる。

でも、そういうレベルの力量ではない若者、これをさきほど「地力」という言葉で表現しましたが、地力のない若者については素直さを持っている人のほうが伸びる。素直さを持たない地力のない若者、勘違いの若者は潰される。よく「出過ぎる杭になれば打たれない。出過ぎる杭になれ」なんて言う人がいますが、「出過ぎる杭」ってのはだれもがなれるもんじゃない。たぶんそういうことですよね。

多賀　ある意味、厳しい言葉だなぁ。これはどこの社会でも言えることですね。「出るべきでもない杭」ってことでしょうか。

二　「健全な野心」と「不健全な野心」

多賀　堀さんはよく若手教師に対して「健全な野心」という言葉を口にしますよね。健全さと不健全さの違いってどこにあるんですか。

堀　健全か否かの基準は、自分基準か他人・社会基準かっていうところにありますね。例えば、「早くこの人が見ているものを見える自分になりたい」「いつかいまの自分には見えていないものが見える自分になりたい」「いつかこの二つの矛盾したベクトルを融合してみたい」ってのは自分基準。「いつか本を出したい」「いつか指導主事になりたい」「いつかセミナーで登壇できるような実践家になりたい」「いつか若い教師たちから尊敬を集められるようになりたい」ってのが他人・社会基準。この言い方が一番分かりやすいと思います。前者は他人に憧れたり敬意を抱いたりはしますが、洗脳されることはない。後者は洗脳される素直な人たちと、能力もないくせに他人を利用しようとする人たちとに分かれますね。僕は「この人は自分を利用しようとしているな……」と感じたら、すぐに付き合いを絶つことにしています（笑）。まあ、利用されても良いような義理がある人については別ですけど。

多賀　ほんとだ、すごくよく分かりますね。僕の知っている関東の若手で、話を聞いていると、「こいつ、凄いなあ」と感心する教師がいます。彼は「自分は十年間は最低、本は書きません。そんな時間があれば、子どもたちとの時間に使います。」というんです。こういう人といつか一緒にやりたいなあ、僕は。

堀　その言葉はかえって出版っていうのを意識している反動のようにも聞こえますけど（笑）。それから話ができること、実践ができることと、本を書ける能力というのがこれまた違いますしね。でも、一度本を書くとその本が全然ダメでも、書くことってのは成長します。そういう意味では、その人は早いうちに一冊だけは書いておいたほうがいいかもしれませんね。金大竜なんて処女作はほんとに文章の体をなしてなくて、何言ってるのか分かんないような本だった（笑）。でも、あいつはどんどん文章がうまくなってきている。そういう例もある。

多賀　うまくなっているんだ。一冊読んで、ダメだなこれはって思っちゃった。笑笑。僕の先輩にも、話はうまくて実践もいいのに、書いたら全くダメな方がいらっしゃった。僕は五十六歳まで出版などとは縁のない世界にいたから、だからどうとは思わなかったけど。

堀　大竜の場合、十年以上ほとんどものを考えることなしに、直感的に実践してきた。感性でやってきたんでしょうね。文章を書くってことは現実を加工することだから、考えない人間には加工できないわけですよ。大竜の処女作は大竜の感性が加工されずに生のまま出てしまった。だから文章の体をなさなかったわけですね。でも、その若者の場合は、おそらく細かいところまでがっちり考えるタイプの実践家でしょう。となると、考えたディテールをそのまま提示されても、一般読者にとってはとても読めるものではなくなってしまう。一冊書くと、文章表現として加工するということの勘所みたいなものを自分なりに形づくることを考え始める。僕がその人が一冊書くべきだと言うのはそういう意味ですね。まあ、後者はその若者にかこつけて、かつての自分について語ってますけどね（笑）。

多賀　僕が若い頃、突然、法則化の嵐が起こりました。明治図書の『国語教育』があっという間に法則化の雑誌みたいになって、見やすくて薄っぺらくて、同じような書き方が並びました。そこには、僕と同世代の教師達、いや、福山憲市さんのように僕よりも若い先生達が並んでいました。凄いなあと素直に思う反面、僕の歩くのはそういう道とは違うなとも思っていました。セミナーなんてなかったから、私的に学ぶ機会はないし、本は本屋でしか手に入りませんでした。土日は書を読み、次の週の計画を練ったり、深く考えたりしていました。ともかくよく考えたと自負しています。深い思索、それが最近の本にも若手の言葉にも感じられません。堀さんには年齢がいったからだと言われるかも知れませんが、年寄りの若手批判とは違うと思います。明らかに深い思索が感じられないのです。ただし、それは教師によく感じることであって、堀さんもあげていた古市憲寿や荻上チキなどからは、今の若者の思索のすごさを感じるのです。若手というか三十代の書く教育書にそれがないのが、残念です。ただ単に流行りの言葉に飛びついてちょこっと実践のまねごとをした程度のものを出しているに過ぎないように思えます。こんなこと言うと、嫌われるよね、きっと。

堀　確かに僕も同じような印象は抱いているんですけど、若手すべてを一緒くたにするのもいけませんよね。買っている若手、「こいつはいい！」っていう若手はいないんですか？

多賀　いますよ。ただし、いくつまでを若手に数えるのかっていうことですね。

堀　まあ、四十までですね。四十を超えると、もう実績です。例えば西村健吾や中村健一に批判的だった人がいるとして、それはもう上から目線で「ダメだ」なんていう対象じゃないでしょ。彼らの実践を批判するのは良いとして、その批判には彼らの業績をどう見るかということを避けて通れない。というわけで、四十くらいじゃないでしょうかね。僕らが共通して仲の良い、中條佳記くらいまでが若手かなと……（笑）。

多賀　中條君が若手ですか。貫禄はベテランだけど……。彼は、誠実だから大好きだけど、もう少し社会科という教科にしっかりとしたものを築いて欲しいです。二、三年後には大きく伸びてくると思いますよ。それから単著とかはないけれども、横浜の松下崇は、開催したセミナーに自分の学校と前の学校から十人以上もの先生達を参加させてしまいます。これは凄いことで、認められているということでしょ。それから、やっぱり飯村友和。彼は実直でタイプ的に僕に近いから（僕もそうだと言いたいんだけど。笑）認めるのかも知れないですが、いつも考えて考えて進んでいます。それに山田将由は、おもしろいですね。経歴も特殊で、シャイだけど主張するというところもいいですね。ただ、この人たちに共通して、教科学習という面ではもっと深くいってほしいと思っています。

堀　いま、ちょっと驚きましたけど、多賀さん、僕が思っている以上に、教科教育研究にしっかりしたものを持つべきだという感覚を強く抱いているんですね。

多賀　そうですよ。何かの教科一つくらいは小学校教師でも深めてほしいと思っています。優秀なカリスマ小学教師でも、教科の力がなさ過ぎます。だから、軽いネタでいいと思ってしまうんです。同じネタでも、教科としての意図のはっきり分かるものとただのバラエティもんとの違いは大きいですよ。

堀　僕は中條は教科スペシャリストになんかならないほうがいいと思うなあ。それより中條くん自身のオリジナリティみたいなものをどんどん確立していくほうが良いような気がする。例えばさ、赤坂真二とか中村健一とか、教科スペシャリストじゃないけどオリジナリティ溢れる実践の重ね方ってあると思うんだけどね。中学校はだめですよ、もちろん。その教科しか授業しないんだから、教科の思想はちゃんと持たなくちゃだめ。でも、小学校教師にはそうじゃない生き方ってあると思うけど（笑）。

多賀　生き方はあるけど、僕はどうしても物足りなくなるんです。赤坂君も健ちゃんも、実践家として確立はしているし、ありなんだけど、彼らが現場で教科の指導はできません。現場に国語の指導のできる教師がほとんどいないんですよ。なぜか、算数はけっこういらっしゃるんですがね。

堀　算数って、国語に比べたら授業づくりは簡単だからね。指導事項が揺れないから。国語と社会は指導事項から問題になる（笑）。

多賀　そういうことだね。じゃあ、堀さんもまずは三人ほど買いの若手を浮かべてみて下さい。

堀　三人ですか（笑）。買わない人なら三人くらいすぐ出るんですけどね（笑）うーん……。買うか買わないかと言われると分かんないけど、僕は中條と大竜は好きだね。だけど、彼らの実践からなにかを僕が学ぶほどに買っているかというと、確かにそういうことがないかもしれない（笑）。畑が違うからね。若手で僕が間違いなく買うのは、埼玉の山本純人ですね。いまは高校に移ったけれどもともとは中学校の教師だった。俳句の指導を一生懸命やっている国語教師です。自分も俳句をやる。山本くんの実践は本物ですね。授業の作り方も本物。ものをよく知ってるし、頭もいいし、文章もうまい。シャレのよく利いた絶妙な文章を書きます。

多賀　僕は、彼と一緒に本を出してるよ、黎明から。あんまり宣伝していないんだけど。だから、文章と実践の質は、よく分かります。

堀　ああ、そうでしたね。彼は自分をちゃんと持って、自分の実践もちゃんと持ってるでしょ。現在の三十代で著作のある教師のなかではピカイチだと思いますねえ。このまま熟成して行って欲しいなと心から思います。

多賀　三十代からの教師が熟成していくのは、もちろん本人次第なんだけど、五十代になったときに、現れてくるような気がします。自分の評価は自分ではできないんだけれど、五十代にはその年代の深みを持ってほしいなと思うんです。深みがないのは、見ていて辛い。十年以上も前から同じことしか話せない人には、魅力がないんです、僕には。変化するクリエイティブな人は魅力がありますね。

堀　そうですね。最近、特に変化しない人が多い。なんと言いますか、高度消費社会の到来から「自分というものは変化しない。供給側が需用者である自分に合わせるべき」といった感覚が無意識的に蔓延しているように感じます。実践研究でもそうした感覚が大きくなっているのかもしれないですね。例えば、最近はアクティブ・ラーニング系の実践、要するにファシリテーションとか協働学習とかが大流行りなわけですけど、どうも若い人の言うことがなかなか深まっていかない。「つながりをつくる」というわけだけど、その「つながり」という言葉も非常に軽くて、いつまでたっても深まらない。「つながりとは何ぞや」という問題意識を抱いてそれを本気で追究しようというふうになかなかなっていかない。そんな印象を抱きます。なんなんですかね、この傾向って。

多賀　不健全な野心がそのまま歳をとったということかも知れません。つまり、自分が究めたい、究められなくてももっと深いところを覗いてみたいというような自分主義ではなくて、有名でありたい、本を売りたい的な感覚かなあ。

堀　有名になるとか、本が売れるってのは目的じゃなくて、結果なんですけどねえ。

多賀　そりゃ、僕だって売れた方がうれしいし、増刷になるとほっとします。でも、書きたいこと、伝えたいことが先にあってのことだと思うんです。昔の明治図書が出していた、一部の研究実践を大事にしている教師しか読まないような、そういうレベルの本が書きたいですが、自分には無理だなって、正直思います。それぐらい、三十年前の国語の書籍は、僕には高い存在なんです。

堀　良い本がいっぱいありましたねえ。最近の教育書みたいに「できる教師の……」とか「魔法の……」とか「みるみる……」とか、そんなタイトルは一切無かった（笑）。

多賀　そうそう。真っ直ぐなタイトルばかりでしたよ。白井勇の『読みとり指導』なんて、ほんとそのまま。まあ、ノスタルジアに浸るつもりもなくて、これぐらいのものを読み込んでいくような学び方って、今様ではないのかもしれないですね。でも、僕はそうやって、力を積んできたと思っているんです。

堀　たぶん、教育書にこの手のタイトルを持ち込んだのは学陽書房だと思うんですけど、初めてそれらの書籍を見たときには「馬鹿にするな」と感じた。教師ってのはこんなもんに騙されるもんじゃないってね。でも、他の出版社もそれに追随した。いまじゃそっちが主流。まあ、馬鹿にされて当然の職業に堕してしまった感じですね。とても残念です。

三　世代と思索

多賀　僕が教科教育にこだわりがありすぎるって、堀さんは言ったけど、僕が育った研究会では、そういう力を持った人たちがたくさんいました。これって、過去を懐かしむような感覚かも知れませんね。でも、やっぱり、小学校の先生であっても、教科教育に深い人たちがたくさん出てきてほしいんです。

堀　それなりにいるんだと思いますよ。僕のまわりにもそれなりにいますよ。ただ、そういう人たちは本を書くということにならない。売れないから。需要側の意識の問題ですね。

多賀　なるほど。そして、そういう人たちは本を書くことを中心と考えていないってことですね。

堀　まあ、教育界ではここ数十年、文学も言語も流行らないですしね（笑）。活動一辺倒でしょ。くだらない活動、意味のない活動、成長を保障しない活動、単元を貫くなんとかとかね（笑）。

多賀　僕、今度の本『国語教師力を鍛える』（明治図書）で「単元は貫かなくて良い」って書いたんですよ。笑笑。活動もネタも否定しないけれど、その「一辺倒」っていうのがいやですね。さっきの五十代のベテランの話と共通することだと思うんですが、ネタや活動で入っても、そこから深いところを考えていってないから、薄っぺらいままになってしまうんです。

堀　悪いけど、文科省にも責任あるよね。

多賀　そうだね、かなり責任あると思うよ。薄っぺらい国語教育を奨めてきたんだもん。

堀　いま考えると、ＰＩＳＡショックが良くなかったね。完全に国語科教育がビジネスライクな方向というか、プラグマティックな方向に行っちゃった。でも、言語の本質ってビジネスライクなものやプラグマティックなものじゃない。

多賀　そうだね。それでいて文科省は小学校でも古文なんか入れて、大和言葉が大事だなんて言ってる。でも、万葉集と古今と新古今の味の違いも分からない教師には、どうにも得体の知れないものに見えている。小学校では若手はそんな感じですよ。三十代の教師は、初めから文学の授業という感覚はなかった。『ごんぎつね』を五時間であげたりするのが、当たり前になってきました。そういう人たちには、文学教育っていう発想そのものがないんです。

堀　なるほどね。なんか、時枝・西尾論争の論点みたいだね（笑）。コミュニケーションだけの国語科教育を目指すのか、ちゃんと文学意識、文化意識まで扱うのかっていうね。六十年前の論点が実はまた潜在的に浮き上がってきているのかもしれない。

多賀　時枝文法の考え方なんて言っても分からないのは仕方ないと思うけどね。……最近の論争って、ただ相手を攻撃しているだけって感じが多いよね。向山さんが出てきたときに『国語教育』の誌上で激論が交わされて、めっちゃ面白かったんだけど、ああいう敬意ある論争みたいなものを感じられない。

堀　八十年代までは具体的な教育手法レベルでの論争っていっぱいありましたね。それがなぜか教育界から消えてしまった。その後は学力低下論争みたいな大きな論点は多少ありましたけれど、このレベルになるとどうしても政治的な色合いが出て来てしまいますからね。教育手法レベルのミニマムだからこそおもしろい論争ってのは八十年代で潰えたかもしれませんね。

多賀 もう一度論争を起こそうとしても無理なのかなあ。今だと、例えばアクティブ・ラーニングを一斉授業との対極であるかのような論がありますが、ああいうのは、論争にならないですしね。

堀 一斉授業かアクティブ・ラーニングかってのは二項対立にはなりませんね。対極でもなんでもない。アクティブ・ラーニングを活動概念として捉えれば論争も可能かもしれませんが、それは浅い理解に過ぎませんからね。アクティブ・ラーニングは機能概念でしょ。現象的には沈黙してるんだけど、機能的にはアクティブ・ラーニングであるということはいくらでもあり得る。

多賀 一斉授業でもアクティブには活動しているということですよね。この話、『アクティブ・ラーニングの深層』でしませんか。笑笑。でも、一章でおわっちゃうかもしれませんね。

堀 次は『アクティブ・ラーニングの深層』ですか（笑）。まあ、冗談はともかく、この「アクティブ・ラーニング」なら「アクティブ・ラーニング」、「一斉授業」なら「一斉授業」、その定義というか、想定する枠組みというか、それを非常に狭い世界に閉じ込めてしまって、それ以上考えないという風潮が最近ある。そういう思考の枠組みの狭さからは何も新しいものは生まれてこない。それどころか、「アクティブ・ラーニング」にしても「一斉授業」にしても、それが大事であると主張しようとしている人の思考をどんどん限定していってしまう。結果、それを形骸化してしまうことに加担してしまう。意識的に形骸化させようとしている人じゃなくて、推進しようとしている側が形骸化に加担してしまう、そんな印象がありますね。

多賀　推進者が形骸化……。確かにそうだ。アクティブ・ラーニングって本当は特別新しい概念ではないんだけれど、ともかく新しいものとして入ってきています。それに対して、旧式の教育者が対立しているという構図に見えてしまうのでしょうね。そのために、こういうことが起こるのかも知れません。もっと原点に返って、授業における今の課題を見つめていくという視点がほしいです。

堀　かつて教育雑誌に論争が頻繁に掲載されていたころってのは、読者が論点整理をする視点ってのを持ちながら読む機会がたくさんあったように思うんですよね。論争ってのはどうしても、論理と感情がごっちゃになって展開されていく。そこで純粋に論理の部分だけを掬い取ろうとする視点が読者に生まれる。論者が感情的になっていて論理の飛躍が見られたときには、それを分析しながら「これほどの人でもこんなふうに飛躍しちゃうんだな。自分は気をつけよう」みたいな視座が生まれる。毎月毎月、論争の続きを読みながら、そういうことがたくさんあったように思うんです。

多賀　そうそう。家にいてアクティブに脳を働かせていました。そういう人間というか教師がたくさんいたんですね。『教育科学国語教育』や『現代教育科学』が、読みやすいワンパターンの書き方になってしまって、そういう人たちは離れていきました。それがネタと方法論しかないような状況へと進んでいったように思います。

堀　でも、こういう愚痴を二人で言っていても、アナクロニズムにしかならない（笑）。

僕ねえ、実はいま、今回の大澤真幸編集の『岩波講座現代』を読んでいるんです。岩波講座の「現代」って、前回が六十年代の半ばだから、実に五十年ぶりなんですよね。その第一回配本の「現代の現代性」ってのが刊行になって、食い入るように読んで、ずいぶんといろいろ考えさせられました。五十年前の執筆者はみんな左翼。まだ、日本を社会主義への移行の一段階だと考えていた時代。それが九〇年頃に次々に東側が崩壊して、それから四半世紀が経つ。少なくとも五十年前の「現代」を編集した人たちが五十年後に期待した世界像、日本像と、二〇一五年はまったく異なる地平にある。でも、二〇一五年がこうなってみると、当時主流だった左翼と呼ばれる人たちよりも、その左翼に負けて忸怩たる思いをした人たちに、要するにちょっと前までは「敗者」として相手にもされなかった人たちがこの時代を形づくるための「布石だった」という意味を持ち始める。こうして歴史は書き換えられる。それを大澤真幸が歴史観に基づいて詳細に構造化していて、非常に感心しました。感心したなんて言っちゃ失礼なんだけれども、ものすごく納得させられた。

例えば、さっき話題に上がった時枝・西尾論争なんかも、当時は時枝誠記は国語教育界からはいま一つ受け入れられなかった。西尾実のほうが明らかに説得力があって、倉沢栄吉だって大村はまだって国語教育学会だって、もっと言えば文科省の教科調査官だって、本人たちが意識しているかどうかはともかくとして、西尾実の「言語生活主義」の影響下にある。でも、現代の国語教育は明らかにコミュニケーション論一辺倒になってきているわけで、それは時枝誠記がさんざん主張していたことなんですよね。もしかしたら、あれから六十年が経った現在から見てみると、あの論争は時枝が優勢だったということになるのかもしれない。もうだれも時枝・西尾論争なんか振り返らない、覚えていないというだけで。

多賀　アナクロだと思います、僕も。ノスタルジイと言った方が良いかも知れません。でも、知の対決って、ほんと面白かったよね。どきどきしました、若いときは。ところで、僕は最近特に堀さんと話していて感じるんだけれど、僕と堀さんの知の体験における決定的な違いは、評論というか批評というような著書の読書量だと思います。僕は、ある時期から読まなくなりました。呉智英や西部邁等を読んでいたこともありますが、今は大衆小説ばかり読んでいます。文芸批評というものとは縁がありませんでした。堀さん、切り口というものを鍛えたんですね。

堀　僕は小説を読むときにも物語世界に浸るというような読み方をしませんからね。あくまでも何を描きたかったのか、その描きたかったことは矛盾なく表現され尽くしているか、そのうえでその作品の完成度はどうか、そういう読み方をしますね。しかも、小説からはかなりいろいろとその当時の時代背景とか、前提となっている思想とかを学べる。そんな感じでしょうか。

僕の文学体験は戦後派作家から始まりましたけれど、戦後派の小説を読むと同時に、「近代文学」同人の批評をずいぶんと読んでた。そういう意味では、批評まで含めて文学なんですよね。

僕らの世代は学生時代にニューアカデミズム、いわゆる「ニューアカ」が大ブームで、浅田彰の『構造と力』とか、中沢新一の『チベットのモーツアルト』とかが大学生の必読書みたいに感じられていた時代だった。村上春樹とか村上龍とかいった小説家もその一連の流れのなかにあった。おそらくこの国の「近代」が完成されて、でもみんなそれにまだ気づいていなくて、「なんかおかしいぞ。これまでリアリティのあった枠組みになんとなくリアリティがないぞ……」なんてことを不安に感じていたんでしょうね。そんな違和感からポストモダンの思想も出て来た。そんな時期でしたから、僕らの意識はずいぶんと「世界認識の方法」みたいな方向に向けられたというところがありますね。七〇年代の学生と八〇年代の学生にはそういう違いがあるんじゃないでしょうか。

多賀　それは分かるんだけど、堀さんが特にそうじゃないのかなあ。笑笑。僕らは、子ども時代を戦後復興の上昇期に過ごしました。学生時代は、安田講堂をピークとした学生運動の直後の時代です。『いちご白書』に『同棲時代』、大きな社会を考えようとしない時代だったかも知れませんね。どの時代を学生で過ごしたかは、その後の考え方に影響するってことですね。

堀　間違いなく影響するでしょうね。実は八〇年代に青春期を送った世代、つまり僕と同世代の人たちがずいぶんといま、教育界で活躍してます。具体的に言えば池田修、佐藤幸司、桃崎剛寿、赤坂真二、土作彰、石川晋、青山新吾、山田洋一、岩瀬直樹……。このくらいでやめておきますが、他世代とは大きな差があるくらいにいっぱい出てる。この世代の主張の特徴として、もちろん実践者の教育提案なわけだから自分の教室、自分の現場をもとにはしてるんだけど、教育理念、教育改革、教育政策と、大きなことを言ってるところに特徴がある。その上の世代がこういうやり方で自分は成功してきたよと、経験則だけでモノを言うのとは一線を画している。そういう印象があります。このことは決して八〇年代の思想状況と無縁ではないなと僕なんかには見えますけどね。

多賀　それ、よく分かります。僕の同年代って、あまりいないんですね。僕らの世代は、団塊の世代の後始末世代だから。つまり、世の中を改革していこうという考えが、暴力に変化したり、さっと宗旨変えしたりするのを冷ややかに見ていた世代ですからね。僕は、経験則だけでは不満だったから書物を読み漁ったけど、二十代に何を見て、何を感じるかは力量形成にとって、かなり重要だって、ことですね。

堀　間違いないですね。その後、大学の教育学部や教員養成系大学が実学化していったでしょ。やたら教育実践学ばかり取り上げたり指導案の書き方ばかり習ったり現場教師にやたらと講義させたり。そういう場で学んだ教員たちがどんな提案をしていくのか、僕はとても楽しみにしてるんですよ。いまのところ、見るべき提案は出てきてないですよね。意欲と自己顕示欲ばかりが空回りしてる感じがします（笑）。簡単に言えば、提案性がない。

多賀　はっきり言って、つまらないです。教育系の大学からの提案がほとんど生まれません。かろうじて出てきても、外国の受け売りでしょ。日本の風土やこれまでの教育への洞察の上に立っていません。しかも、教育系の大学で役に立つ実学があるのかというと、これも中途半端です。

堀　でも、それは大学人で言えば、まだ彼らが戸惑っている中途にあるからであり、実践人で言えば、まだ彼らが三十代だからですよね。彼らの中から、なにか僕らが思いもつかなかったような、僕らがびっくりするようなブレイクスルーが生まれるかもしれない。それはまだ先ですね。

多賀　ネタや方法論ばかりいじっていたら、それは生まれません。悪いけど、あんまり期待できないなあ。要領がよすぎる。新しいメッセージも、愚直な研鑽から出てくるんじゃないかなあ。言い過ぎかなあ。

堀　言い過ぎだね（笑）。若い世代がネタや方法論ばかりをいじってるかどうかは、少し検討しなければならないと思いますよ。むしろ、僕には僕らの世代にはなかった、グローバル化への対応みたいに見える。だから、岩瀬直樹あたりから顕著だけれども、海外の教育方法、教育理論、教育理念が盛んに紹介されるでしょ。僕らはかなり「戦後」と呼ばれた日本的民主者義に縛られているところがある（笑）。まあ、若手世代にもそういう人はたくさんいるから、全部じゃないけどね。

多賀　僕は、そこに懐疑的なんだ。これまで、プロジェクトメソッドやシュタイナー教育にフィンランドメソッドと、海外から採り入れては、長続きしなかったでしょ。僕も追いかけたけど、日本の教育の成果が踏まえられないで飛び付く感じが否めないんですよ。日本人はどうも欧米コンプレックスがあって、横文字に飛びつく傾向が強いように思います。その教育を日本に採り入れると、何がどう変わるのか、そういう視点を感じないんです。もっとも、僕のこの言葉に反発してくれるのは、もしあれば、うれしいですけどね。

堀　その言い方は「近代的」、要するに「明治時代的」だと思うんです。追い付け追い越せ型で西洋を学ぼうとする場合の特徴ですね。そういう類いは僕はハナから相手にしてない。だから、僕にとっては議論の外なんです。例えば、漱石だって鷗外だって、ちゃんと海外に行った。そして西洋に学ばなければならないと実感した。そうしないと日本はやっていけないと。でも、自分にはどうしても西洋的にはなれないところがある。それをちゃんと悩んだ。西洋にちゃんと学びながらも日本人であることにこそ、彼らの葛藤があったわけです。その悩みにこそ、漱石文学も鷗外文学もあったわけであって、それが彼らが国民作家とよばれる所以でもある。つまり、何を言いたいかと言うと、西洋理論を取り込もうとする場合には、それが日本の文化や言語や現在の状況と合致しているかどうか、合致していないとすればどのような改良や修正を施せば導入可能なのか、そういったことがかなり検討されなくてはならない。ところが、そういう思考過程を多くの人は踏まないわけですね。これは若い人に限らない。そもそも、翻訳を読んでいる時点で、もう言語の体系が違うわけで、表しているもの、指し示しているものの違いを念頭に置かなければならない。翻訳者の悩ましさってのは実はそういうところにある。そうした思考過程を経ない西洋理論の導入は僕はすべてキャンセルです。

大変おこがましい言い方で不遜なんですけど、僕は岩瀬直樹を非常に高く評価してる。それは彼が西洋理論に多くを学びながらも、それにかぶれるだけでなく、子どもたちに実際に導入しようというときにも、読者に紹介しようというときにも、彼なりのこの国の現実に合致するようにふさわしいものに作り替えようというワンクッションがあることなんです。彼がそれを自覚的にやっているのかどうかは分からないけれど。少なくとも岩瀬くんにはその悩ましさを非常に感じるところがある。少なくとも、海外の理論や実践をただ紹介して悦に入っている、悪しき業績主義の大学人とは一線を画する（笑）。

多賀　岩瀬君を堀さんが買っている意味は分かりますよ。ちょんせいこさんが「岩瀬さんは自分が天才だと気づいていない」と言ったけど、無自覚なんだと思います。自分の影響力を全く考えていないから、彼なりの文脈を抜きにして発言発信します。それに乗ってしまう若くてものを深く考えない連中への影響は、彼くらいのレベルになると考えるべきですね。この部分は、たぶん本にはできないだろうけど。

堀　（笑）。それなりに考えて発言してるんじゃないでしょうか。彼はかなり禁欲的に発言してると思いますよ。彼の発言を聴いていると、かなり細かい配慮が感じられます。あとは若手の側、聞く側、読む側の問題でしょう。僕は自分の発言も含めて、発言する側に配慮が見られる場合には、つまり、場合分けとか、限界性とか、留意事項とか……こういうのを細かく提示しているのに、それを受け手の側が理解できないという場合には発言者側の責任とは考えないところがあります。

それにしても、僕らから見て、若手実践者があまりものを考えていないように見える、少なくとも思考が浅いように見えるのは何が原因なのでしょうね。

多賀　思考が浅いのは、考えるふりをしてきたからじゃないですかね。笑笑。僕は最近「思索」という言葉を大事にしていますが、ほんと、思索とはほど遠いですね。語彙がともかく足りません。薄っぺらい教育書しか読まない、というか、読めない若手が多すぎます。語彙教育ができなかった、つまり、言葉を増やしていくことの大切さを知り、言葉を獲得していくような姿勢を育てて来なかったんじゃないですか。ともかく、すぐに答えを出さねばならないような教育ばかり、受けてきたのかも知れません。

堀　ずいぶん厳しいこと言いますね（笑）。ただね、現在の若者、まあ、若手教師というよりも現在の中学生とか高校生とかを見ていると、僕らができないことをたくさんできるという面も持っていますよ。まあ、例えば、スマホやタブレットの活用、映像編集、短時間でネット情報をたくさん集めるとかね。それはそれで評価すべきだと思うんですよ。人間の思考のフレームが変化してきている、それに僕らのほうが対応できていない、そういう可能性は常に念頭に置かなくちゃいけないと思うんです。

多賀　それは賛成。僕は深い思索という得体の知れないものが好きだから、そこを強調するけどね。現代の若者の持っているものは、僕にはないものばかりです。本気で尊敬に値すると思っています。でも、スピード感はあっても、深さはないですよね。社会の変化はあるにしても、深さはいるんじゃないかなあ。それとも、これはただのアナクロですかね。

堀　僕らの思索がほんとうに深いのかどうか。これは検討に値すると思うんです。例えば、七〇年代末に村上龍と村上春樹が出て来た。八〇年代には島田雅彦や小林恭二が出て来た。その際、それ以前の文学者たちは彼らを軽いと評価した。深みがないと評価した。でも、それ以前の「政治と文学」とか「知識人と大衆」とか「民族か同化か」とか、そういうそれ以前までリアリティのあった枠組みが崩れていたのに、旧世代はそれに気づいていないだけだったということが今となっては明らかになっている。こうしたかつてリアリティがあると思われていた枠組みを時代に引きはがされてみると、実はこうした二項対立図式の枠組みなんてものは決して「深い思索」などではなく、そうした分かりやすい触媒に乗っかることでリアリティを感じられていた仮想フレームに過ぎなかったということが明らかになったわけですよね。

ソ連の計画経済もそう。当時の日本の知識人は間違いなく、計画経済を進むべき道と考えていた。それがいとも簡単に瓦解した。そしていま、世界は今度は資本主義を計画的に発展させようとしていること、実はソ連の計画経済と同じ構造を繰り返そうとしていることに気づかないままに、なんとか成長モデルを維持しようとしている。いずれこれも瓦解するだろうとは考えられない。その後何が起こるのかなんていう指標もない。資本主義の次を措定してくれる資本主義界のマルクスはいない。ただただ不透明なわけです。

七〇年代から八〇年代にかけて、内需が飽和になって、ほんとうは近代の成長モデルはこの国では終わっていた。だけど、経済成長のために、この国は家族を解体する道を選んだ。テレビは一家に一台から一人一台になった。もう家族で夕飯を食べながらチャンネル争いをするような日常には戻れない。車もそう。親父はゴルフに行きたい、妻は買い物に行きたい、息子はデートのために車を借りたい、でも、親父が一喝して車に乗って出かけてしまう。まあ、仕方ないよねと我慢するということがたくさんあった。でも、次第に車はみんなが一台ずつ持つようになって、この争いもなくなった。コンビニが二十四時間、欲しいものを欲しいときに得られる生活を提供した。レンタルビデオ店がいつでも好きなときに好きな映像ソフトを見られる環境を提供した。それが朝起きる生活、夜は寝る生活、家族一緒になんとなくご飯を食べる生活を解体した。結局、この政策も当時の旧世代が取り組んだ結果だったわけです。こんなことをして経済成長を目指したら、もっと大切なものが解体されてしまうということにだれも気づかなかった。

実は僕は教育も同じだと思っていて、現在はアクティブ・ラーニング流行りなわけだけれども、ほんとうに国を挙げて、学校教育界を挙げてアクティブ・ラーニングに突き進んで良いのかどうかはだれにも分からないわけです。今回は入試改革を伴っていますから、絶対に形骸化しない。この国はエリートの創造性を開発する方向に大きく舵を切ります。果たしてその方向に学校教育が突き進んだとき、だれも予想しないような、国家的、国民的な危機が訪れるような大切なものが解体されないのか、それをだれも考えないわけですよね。

僕らが自嘲的に言ってるアナクロニズムというのも、もしかしたらそういう構造を持っているかもしれない。僕はそれがとても怖い。だから、知を求める。どんな人がどんな風に「現代」を認識していて、どんな世代がどんなふうに「未来」を予測しているのか、それを集めないでいられない。そんな感じなんですよね。自分が「旧世代」と呼ばれる年代に近づくということはこうした責任から決して自由ではない。校長も行政もこういう責任を自覚していない。教育界が終わってるな……頭悪いな……と僕が感じる一番の要因です。

多賀　まず、僕らの考え方が「深い」と言いながら、時代の要請から鑑みると「古い」だけかも知れないということなんですが。僕は、そこを一番怖れているんですよ。だから、新しい考えというものに対する知識欲があるわけです。いつも葛藤があって、自分は「おじいさんのランプ」じゃないのかというのが、心にあります。

ところで、教育に関してだけど、堀さんの言うのも分かります。しかし、教育は人間が生きている限り必ず必要なことだから（堀さんは分かっているとは思っていますが）、やるっきゃないという感じですよね。学校現場を見ていると、社会の変化、保護者の変容、子どもたちの実情の変化が学校に大きな影響を与えています。従来のやり方では、通じなくなってきました。

そのことを分かっている管理職とそうじゃない管理職がいるんです。分かる人を増やすしかないんですよ。うーん、難しいかなあ。

四　対話の成立とカタルシス

堀　僕はねえ、いま、「アクティブ・ラーニング利権」とでも言うべきものに群がる風潮が出て来ているように思うんですよね。「アクティブ・ラーニング利権」と言っても、もちろんお金が絡む利権の話ではない。一部にはそういうのもあるかもしれないけど、基本的にはお金じゃない。そうじゃなくて、それぞれの立場、それぞれの思想を持っている人たちが、「我こそはアクティブ・ラーニング時代に大切なスキルを持っている」と自分が活き活きとするための利権ね（笑）。かつて「総合的な学習の時間」に「我こそは…」と群がった、要するに「いつか来た道」ですね。「総合」とか「総称」とかって曖昧なことを言われると、実は「何でもあり」になるから「何でも言える」状態になる。

「学びの共同体」や『学び合い』や「ファシリテーション」や「プロジェクト・アドベンチャー」みたいにある種活動的、コミュニケーション的な学習活動を持っている人たちは「我こそはアクティブ・ラーニングの救世主」みたいなことを言い出す。ＩＣＴの人たちはアクティブ・ラーニングを跳躍台にしようとする。昔ながらの教材研究派みたいな人たちは、「アクティブ・ラーニングにこそ、深い教材研究が必要だ」とかね。これまでそれなりに子ども主体の教育を標榜してきた教育団体はたくさんある、それなりにそういう実践をしてきた人も各地域にあふれるほどいる、そういう人たちも「これまで自分たちがやってきたことは間違っていなかった。やっとそれが認められた」とか言い出してる。おまけに「消費者教育」とか「主権者教育」とか「食教育」とか「法教育」とか、そういう教育ソフトを主張している人も「アクティブ・ラーニングの視点として、これからの時代にはこの教育が必要だ」と主張しやすくなる。インクルーシブ教育の人たちも、基本的にはアクティブ・ラーニングは歓迎でしょう。まさに自分が活き活きするための「活き活き利権」なわけです。

こういう諸派乱立みたいな状態が続くと、次第に「棲み分け」が生じてくる。そしてあれも大切、これも大切ということになって、いよいよ「ポジティヴ・リスト」による教育が進んでいくわけですよね。要するに、「必ずやるべきとまでは言えないけれど、やったほうが良いというものは教育ソフトのリストとして何でもかんでも導入される」という事態が更に進んでいくわけです。あれもやれこれもやれの「ポジティヴ・リスト教育」が更に現場を忙しくさせ、結果的に骨抜きにさせ、「多様性」を合い言葉に自分の得意なことだけをやろうという風潮が生まれる。人間の多様性を主張する人はともかく、教育ソフト、教育方法の多様性を主張する人は僕の実感ではほとんどがエゴイストです。要するに自分の主張がまかり通る隙間があればいい。そういう人たちですからね。要するに、あなたのも認めるから私のも認めてね、という人たちですね。でも、結局それって「アナーキー」なんですよ。諸派が「活き活き利権」に群がって「無責任体質」を露呈することになる。やっぱり、「これだけははずしてはいけない」「これだけはやってはいけない」といった共通基盤は持たないと、どうしてもアナーキズムに近づくんですよね。「総合」がまさにそうだった。収集がつかなくなって、結局はキャリア教育に落ち着きましたけど（笑）。

多賀　これさ、『アクティブ・ラーニングの深層』でやらない？　笑笑。僕も、アクティブ・ラーニング大会だと思います。総合的な学習のときに、家庭科教育からは、家庭科こそ総合的な学習だ、理科からは、理科を発展させての総合的な学習だ、社会をやっていたら、その方向……。まさしく濫立しました。そして、それぞれの立場からの実践を作っていったわけです。

今のアクティブ・ラーニング騒動でも、同じ臭いを感じます。言語活動こそ、アクティブ・ラーニングだなんて、中心人物が言い出したりしていますから、「この機を逃すまい感覚」があるんでしょうね。出版社も単著で「アクティブ・ラーニングに触れて欲しい」って、言ってきます。まあ、僕の場合は、国語教育の中でのアクティブ・ラーニングの位置づけという役割はあると思いますが、それも一連のアクティブ騒ぎと大して変わらないことをしてしまいますね。若い先生の場合は、不健康な野心を出すには最適の場になっています。アクティブとしての実践例がないわけだから、取ってだしの実践ができるわけですね。

堀　多賀さん、ミクチャって知ってます？

多賀　なにそれ？

堀　ミックス・チャンネルって言ってね、まあ、要するにここでは、スマホの映像編集アプリを利用して、自分自身のプロモーションビデオをつくるみたいな理解でいいんですけど、まず、ちょっとこれ見て欲しいの。https://www.youtube.com/watch?v=yogEtcMH4qc

こういうの見ると、年寄りは映像編集のほうばかりに目が行って、いまはこんなものが簡単につくれてしまうのかとか、編集はそれなりに難しいんだろうねとか、そういう感想を持つわけだけど、でも、映像編集のソフトやアプリなんてのは「慣れ」の話だから、だれでもできるようになるわけよ。それより僕が驚くのは、こんな普通の女子高校生が二人でバランス良く自己演出している感覚のほうなんだよね。きっとだれに習ったわけでもないし、メディアリテラシー教育なんてきっとこの子たちは受けてない。でも、自分を演出するためにどんな化粧がいいのか、どんな眼鏡や服がいいのか、どんな表情が自分を可愛らしく見せるのか、要するにどんなポーズやファッションが自分の市場価値を高めるのかってことをかなり計算してやってるでしょ。僕らが高校生や大学生の頃の同期の女の子にこんな感覚は絶対になかった。これね、若い世代のある種の文化だと思うんだよね。しかももしかしたら一部は経済的に成果を挙げるかもしれないような創造的文化になる可能性さえあると思うの。でね、こういう文化の形成に対して、実は学校教育というのはまったく貢献していなくて、おそらく彼女たちはネットコミュニケーションで学んでいるわけですよ。そしてそこに映像編集を簡単にできる技術があるから使ってるっていうだけなわけ。しかも、これをつくるうえで彼女たちはなにも資本としていない。自分たちの躰と自分たちの持ってる化粧道具と自分たちの持ってる服程度なわけですよ。

それで何言いたいかって言うと、いま現在でも僕らが想像もつかないような創造的文化ってのは、子どもたちや若い世代にどんどん生まれていってるんじゃないかってこと。だってね、もしも二〇〇〇年前後に、総合のメディア・リテラシー教育で生徒がこれをつくったら、教師は絶対にものすごく褒めてたよ。この「まこみな」と呼ばれる二人の女の子がどの程度の学力を持っているのか僕には分からないけれど、少なくとも普通の女の子が等身大の生活と等身大の技術のなかで自己演出しながら楽しく幸せに生きてるわけでしょ。こういうのは学校教育からは絶対に生まれないわけですよ。少なくとも、この子たちがこれをつくるにあたって、学校教育はなにも貢献していないと思うんだよね。しかもね、これは自らの「関心・意欲」に基づいて、技術を身につけ、演出を思考しての総合的な表現活動だと思うわけよ。これを評価するしないは見る側の勝手。決して彼女たちも万人に評価されようと思ってこれをつくってるわけじゃない。少なくとも彼女たちの視聴想定範囲に僕や多賀さんは入っていないわけだから、僕らに評価される必要なんてないわけだよね。でも、これを気に入る人が少数でも全国、大袈裟に言えば全世界にいて、その人たちとのコミュニケーションが始まるとしたら、それは学校教育がアクティブ・ラーニングと称して求めている以上のものが生まれていく展開になると思うわけ。
　いま、僕らは教師の視点から若手教師がどうあるべきかっていう議論をしているわけだけど、僕らの枠組みで若い世代はつまんないとか、力がないとか言っているだけでは、状況を見誤ると思うんだよね。たぶん、「精神的な地動説」が生まれようとしているのに、「天動説」にこだわり続けて苦言を呈していても仕方ない。パラダイムが変わろうとしているのに、旧パラダイムにこだわり続ける老兵は去るのみになってしまうというか（笑）。たぶんね、いま僕らが表現する実践者として「若手教師」と呼んでいる二十代後半から三十代の人たちって、文化的にはネットネイティヴではあるけどスマホネイティヴではなくて、実は僕らと同じ「旧世代」なんじゃないかって思うんだよね。みんなキーボードいじってるでしょ？（笑）だから、ちゃんとやれていないと腹が立つ。でも、きっと革命的に変わった世代が出てくるのはこれからなんだよ。

多賀　うーん。そこは、全く同意するね。でも、僕は、パラダイムシフトと言い切ってしまえないですね。実践経験者の性かも知れないが、僕がこの姿勢を崩したら、若手は対極にいるうっとおしい奴がいなくなってしまうんじゃないかなあ。そう思うから、自分のスタンスは変えません。笑笑。老兵は自覚しています。ただ、広い範囲を見通して俯瞰できる老兵でありたいです。僕は年間指導に十校行ってるけど、そこでは、僕なら絶対にできない提案が出てきます。そのとき、僕は絶対に否定しないで、一緒にどうするかを考えます。老害にだけはならないように心掛けています。この前、堀さんが「年取ったら、自分を神格化しようと、みんなそうなっていく」って、言ってたけど、そんなものには、なりたくない。

堀　でも、意識して回避できることなんて限られてるんだと思うんですよね（笑）。僕が言ってるのはそこなんです。

多賀　そうかも知れないですって、言わないよ。ここは、粘っていきますよ。最後は、楽しめなくなったら、終わりだと考えています。

堀　現場ではそれでいいと思うんです。でも、こうして某かの影響を与えようと表現するときにはそうはいかない。それが僕の信条です。アクティブ・ラーニングってのはまだ本格的には現場の話になってない。そこで、「活き活き利権」で混乱させられるのには閉口しますね、僕は。

多賀　利権のスピードは凄いよね。石川晋の言い方を借りれば、「猫も杓子もアクティブ・ラーニング」という感じです。現場が混乱し始めています。本来これは小学校の話ではなかったのに、そうなってしまったかのようになりかかっています。辟易するけど、僕は公立校の研究にアドバイサーとしてたくさん携わるから、触れないわけにはいきません。まさか、気にしなくていいとは言えないしね。笑笑

堀　小学校の話ではないというのは認識違いだと思いますよ。入試改革を伴っていますから、少し遅れることはあるにしても小学校にも大いに関係します。ただ学力をつければ良いって話にはなりません。ほんとうに思考力とか判断力とかをつける授業が求められるようになりますよ。

一般の小学校の先生方が入学試験ってものを意識していないだけで、授業とか指導事項というものは間違いなく入試に関連していますそういうものなんですよ。

多賀　それは、僕もそうだと思います。入試改革ができれば、学校どころか、塾だって、ひょっとしたら公文式だって、アクティブ系にどっと流れるでしょうね。ただ、現時点では小学校でばたばたしなくていいと、思っています。しかし、僕の新しい本にもアクティブ・ラーニングの話を入れているし、実際、講演でも指導助言でも話さざるを得ない状況になっています。

堀　僕はばたばたした方がいいと思うんだよね。これは国が教育観を、少なくとも学校教育観を転換したことを意味していると思いますよ。少なくとも、教育というものをはっきりとグローバル経済に組み込もうということですよね。

多賀　先を読んだら、そうなっていきますか。センター試験の廃止もそこにつながるってことだなあ。

堀　そういうことだと思いますよ。これは学力のトリクルダウンを目指した政策です。何も考えずに、ただ導入させたらとんでもないことになります。

多賀　トリクルダウンだとしたら、学力の底上げだとかいうのは、意味がなくなるかも知れない。アクティブ・ラーニングの怖いのは、生活科や総合的な学習に言語活動などのときよりも、批判的な論調がないように感じるんですよ。沈思黙考する教師が少なくなり、アクティブ系の教師が増えているからかなあ。

堀　アクティブ系の若い教師たちは基本的に歓迎ムードですね。でも、おそらく政治的には自分たちのような階層はアクティブ・ラーニング導入の目的からははずされている、実は相手にもされていないということが理解できていないと思うんですよね。政治に疎い世代の特徴だと思いますけれど（笑）。まあ、それでも自分なりに幸福感を抱きながら活動しているわけですから、わざわざ批判する必要もないですけどね。ただ、そういう在り方では、教師として子どもたちを幸せにすること、長期的に見たときに子どもたちの幸福に寄与するということはできないでしょうね。自分の楽しさとか自分の幸福からしか子どもたちの幸福を考えられないわけですから。視野が狭いんですよね。

多賀　うわあ、かなり厳しいとこ、ついてきましたね。自分の幸福からしか子どもたちの幸福を考えられないって、まさにそうだけど……。最近、先生たちによく言うのは、「グローバルスタンダードを考えて千人育てて、その中の何人が本当に世界に通用していくグローバルな人間に育つと思いますか？」って、ことです。答えは「一人いるかいないか、ですね」です。そこで「じゃあ、残りの九九九人は、落ちこぼれだね」と言うんです。僕は、ローカルスタンダードがあるべきだと思います。

堀　たぶん、政治家が考えているグローバルってのは経済だけなんですよね。そのことをもしかしたら当の政治家たちさえ気づいていないのかもしれない。そもそも、グローバルに影響を与えあっているものなんて、経済だけなんですから。経済だけを優先して、教育も福祉も、もっと具体的に言うなら学校も、保育も、子育ても、介護も、家族も、女性も、政策を打っていったら、この国の良さは崩壊しますよ。経済的に豊かじゃなくても楽しめる文化をこの国はいっぱい持ってますからね。戦後七〇年かけてそれらを悉く破壊してきた。その結果、国民もそれに疑問を抱かなくなってしまった。橋下さんの芸術軽視とか、東北の箱物優先の復興支援とか、数え上げたらキリがないくらいに、この国の文化や自然が破壊される方向に向かっている。

多賀　この国の歪みかたの話だね。いつも、もどかしく思います。人は、どこに足をついていくべきなのかを考える教師に出て来てほしいですね。

堀　でね？　アクティブ・ラーニングを無批判に歓迎する人たち、無批判にというよりは無検討に導入しようとしている教師たちってのは、この政治的な方向性を無批判・無検討に担いでいるということと同義なわけですよね。僕はね、なにもアクティブ・ラーニングに反対なわけではないんです。ただ、教師としては導入に際して、上位生徒・中位生徒・下位生徒のそれぞれの機能度はどうかとか、それぞれにどのように機能し得るかとか、それぞれが将来のこの国のカタチを予測したさまざまな指標にどのように影響を受けると予想されるかとか、そういうことを自分の頭で一度考えようよと言ってるわけですね。そういうのは偉い人が決めること…ではもうやっていけないわけですよ。この知識を教えれば良いっていう指導事項の指標自体が曖昧になるわけですから。

多賀　そう考えていくと、僕には明るく見通せないですね。堀さんは厳しく見過ぎだと言うけれど、やはり、今の中堅あたりの教師にそういうことを深く考えようとする人は少ないもの。中堅以上でネタなんて追っかけていたら、深い思索なんてできっこない。集まることが目的になっている集会もけっこうあるもの。ただし、現場には少人数で地道に学んでいる人たちもいるから、そういう人たちには期待しますけどね。ともかく、よく考えて欲しいというのが、僕が若い人たちに言いたいこと。

堀　よく分かります（笑）。痛いほどによく分かります。でも、打開の手立てはないんでしょうか。心ある人にだけ響く啓蒙をいくらやったって、限界がありますよね。なにかシステマティックに進めないと。

多賀　僕が公立の学校を回ることは、些細だけれども、繋がることかも知れません。でも、システマティックとは、程遠いですね。セミナー文化の中からは、生まれないかも知れません。僕らのセミナーでは懇親会を止めて、思索の時間にしよっか？　でも、それは宗教やセクトみたいだしね。笑笑

堀　議論の文化が希薄になったことと無縁ではないですよね。さっき昔は論争があって面白かったというような話が出ましたけど、論争まで行かなくても、議論するっていう文化は必要だと思うんですけどね。

多賀　迷ったり、混乱したり、悩んだりする時間がないように思います。思考って、そんな簡単じゃないです。そして、思考するための語彙も必要です。それは議論できないことに繋がるん

じゃないかなあ。Ａの論理とＢの論理を「根っこで繋がっていることが分かった」等と簡単にＳＮＳで書いたりする。そんな思考では、深い思考には繋がらないんです。自分の中をしっかりと潜らせるという発想が弱いんです。まあ、こんなことばかり言ってたら、ただの愚痴親爺なので、どうしたら、今のアクティブ騒ぎの中で、地に足をつけて考える教師を育成できるかを考えましょうか。

堀　まずは一番大きいのはネットの影響、そして、承認欲求時代に流行しているファシリテーション的な交流活動の影響と……って感じでしょうか。前者は言葉の貧困を徹底してもたらす。後者は相手の言を肯定的に扱うというのが強要される。誰もが「対話」が大事とは言うけれど、自分がやっていることが対話になっているのかどうかは省みられない（笑）。

ファシリテーション型研修と呼ばれるものの九割方は対話が成立していない。ただカタルシスを与えているだけです。対話を機能させられるファシリテーターはほんのひと握りしかいない。僕はそういう認識なんですけど……（笑）。

なんでもそうですが、最初はその価値をよく分かっていた人間が進めていく。それが次第に普及していくと、よく分かっていない人が参入してくる。それを「普及」というわけですから当然のことです。でも、例えば四人で交流していても、その交流はＡ・Ｂ・Ｃ・Ｄの四人に均等に機能するわけではない。Ａは80学んでいるけれど、Ｂ・Ｃは40、Ｄは20しか学んでいないなんてことはたくさんあるわけです。でも、それを楽しいと思った度合い、要するにカタルシスを得た満足度の度合いはDが一番高くて90、B・Cは50ほど、Aは10なんてこともざらにある。ファシリテーション型交流形態ってのは、実は能力の高い者ほど学べる、という特徴を厳然と持っているわけです。教員研修にファシリテーション型が導入されて以来、いま言ったDみたいな人がやたらとファシリテーションを好み、子どもたち相手の授業にもたくさん導入して、カタルシスの拡大再生産みたいになっているところがある。そういう人たちは毎週末にどこかしらで開かれているファシリテーション研修に参加して学んだ気になっている。でも、あの手の活動ってのは、その交流時間の何倍、何十倍という孤独な黙考時間、熟考時間を持っている人のほうが大きく学べるんですよね。

ネットにもそういうところがある。ネットで儲けようとする人はたくさんいるわけだけれど、最初の頃はシステムを理解していればそれなりにビジネスとして成立した。でも、いまはもう、どの時間に情報を流せばどの程度の広告機能があるか、どういう言葉でどこに情報を流せばどの程度の宣伝機能があるかを熟知していなければビジネスとして機能しない。加えて、どんな人たちがどんな媒体でどんなことを話題にしているかとか、なにをきっかけにどんな話題が一気に盛り上がるのかとか、ツイッターマーケティングみたいなことをしなければ機能しない。もうネットは、一人でなにかをできるような媒体ではなくなっていますよね。資本ありきの格差社会になってる。

実はアクティブ・ラーニングにも同じような構造があって、そこから多くを学べるのはごくごく一部なんですよね。アクティブ・ラーニングを格差是正のアイテムにするには、教師の側にこれまで以上の、並々ならぬ思考と努力が必要になる。そしてそれは、生半可なアクティブ系教師からは決して生まれてこない。僕らの違和感はそういうことなんだろうと思います。

多賀　ここまで堀さんがすっきりと言い切ってしまったら、うんうんとうなずいてしまうしかないんですけど……。笑笑。ファシリテーション型の研修会そのものには意味があると思います。確かに「カタルシス」と言えばそうなんだけど、そのカタルシスさえなかったというのが、ここしばらくの現状じゃないのかなあ。だから、僕は自分の指導に入っている学校の研修の形を変えていきました。

僕が若い頃、先輩たちはわけの分からない言葉を使って議論していました。僕は新卒が附属だったので、何を言っているかさっぱり分かりませんでした。「コア・カリキュラムと同じことの繰り返しにならないためにはどうするか……」なんて議論していたものを、家に帰ってから調べるのです。ネットもない世界だったから辞典で調べ、土日に三宮へ出て本屋で資料を漁って読み、考えました。簡単に手に入らないから、得た情報を大切にしたのです。丁寧に読み込み、考え、また読みして、僕は自分の思考を深めていったように思います。意識していたのではなくて、今から思えばそうだったということです。ＳＮＳは簡単に情報をどこにいても手に入れられる分、その情報を大切にしなくなる傾向があると思います。

アクティブ・ラーニングは、堀さんの言う通りの現象が起こっていますね。堀さんが前に

堀　もっと過激な言葉を使って語っていたことは、あのとき札幌のセミナーにいた人たちにしか分からないけど、僕はあの言葉の方がぴったりきます。笑笑。アクティブ・ラーニングの質、深さと、参加者が何を学んでいるのかというようなことは、多角的に考えることがたくさんあるということですね。ジョン・ホルトのような思考が必要だということですね。

多賀　ジョン・ホルトですか。けっこう古いですね。八十年代に流行しましたね（笑）。

堀　一時、こったんですよ。『……戦略』シリーズとかね。

多賀　いずれにしても、ジョン・ホルトで言えば、最近の若い人たちには「戦略」と呼ばれる次元のものがない。少なくとも、ないように見える。ある種の「平和ボケ」ですよね。

堀　たとえば僕らがこのまま出版したときにジョン・ホルトという名前をみたら、スマホでググって見つけて、そこに書いてることをさっと読んで分かったような気になるんですよ。深まらないわけです。「戦略」というものを中村健一などははっきりと口にしています。彼はネタ教師だけど、そこが他の中堅どころとは、ちょっと違うんですね。「戦略」という観点がいるんです。『アクティブ・ラーニングの戦略』というページをつくろう、次の本では。笑笑

多賀　なるほどね。そういうことはあるでしょうね。確かに僕らならググって終わりにはしない。ただ、それは若い世代の罪ではないね。罪ではないけど、実態はそういうことになってる。どうしようもないですね（笑）。

堀　そう。こんなことをくどくど言うと、「昔は大変だったんだぞ」の押し売りをした僕の上の

世代と一緒です。だから、「そうすることで分かったような気になることが、深まらないってことなんだよ」と、優しく教えてあげたいです。

堀　僕はね、同僚の若手教師を指導するときには、励ますことと「自分の頭で考えろ」ということしか言わない。「堀先生だったらどうしますか?」っていう質問にも答えないことにしてる。

多賀　僕は教えることもします。教師教育が仕事だからね。でも、伝えようとばかりしていた初期の反省があって、今は、自分で考えるということを大切にしています。結局さ、教師の力量形成のために一番大事なことは、「自分で考えるということ」じゃないですか。いつの世代においても、自分の変わっていく位置や中身、年齢に立場を考え直していくことで、次の高みにつなげていくっていうこと。

堀　多賀さんの立場と僕の立場は違うんですよ。僕は「てめえの頭で考えろ!」と言ってその若者が失敗しても尻ぬぐいをしてあげられる。フォローをしてあげられる。ときには目の前で格の違いを見せつけてあげることもできる。でも、多賀さんはそうはいきませんからねえ。そういう意味では「教えなければならない」と思います。

多賀　ですよねえ。僕が「てめえで考えろ」って言っちゃったら、仕事放棄だから。笑笑。

堀　そりゃそうだ（笑）。今日はありがとうございました。

多賀　こちらこそ。ありがとうございました。

第二章　二十代の力量形成

自負と素直さがポイント

一　未熟さは若さの特権

二十代の教師は、はっきり言って未熟である。目の前のことに精一杯で、とうてい意識的な力量形成など、おぼつかない。しかも、そのことに無自覚である。多くの先輩達もそうだった。未熟であることさえ気づかないのは、ある意味、若さの特権であると言っていい。

二十代の男性教師の半数近くは、子どもになめられまいと必死である。その必死さと余裕のなさが子どもたちにも伝わってしまい、かえってなめられる要因にもなっている。しかし、そんなことには思いは至らない。

大声をあげて恫喝し、子どもを怖い顔でにらみつけておさえつけようとする。たまたまそれがうまくいったら、

「若い女の先生と違って、おれはこうやって子どもをぴしっとさせられるんだ。」

と、自分の力量であると勘違いする。

そんな方法が教師の力量として認められたのは、四半世紀も前のことなのに。

したがって、このタイプは、ほとんどがこのレベルで停滞する。

一方、ある女性教師たちは、今まで自分が考えてきた学級との違いに愕然とする。子どもたちは先生の言うことをなかなか聞いてくれない。ときには、動物園に就職してしまったのかと思うときさえあるだろう。

自分には力がない。どうしたらいいのだろうかとあせり、悩む。そして、教育書の安直なタイトルの『学級がうまくいく……』『こうすればよくなる学級づくり……』という言葉に惹かれて買いあさる。または、セミナーに参加して有名講師の講座に酔いしれる。

本を読んでも、セミナーを受けても、そこで得たものは、現実ではない。現場は自分のクラスなのだから。学んだと思ったことは、自分のクラスの子どもたちとのやりとりの中でこそ、本当の学びに変わる。それが分かっていない。だから、相変わらず、うまくいかない。

常に自信が無く、不安である。

このタイプは良き先輩にでも巡り会わない限り、落ち込んでいく。

また、こんな二十代教師もいる。

なぜか自信に満ちあふれていて、自分の理念をしっかりと持っている（と、思っている）。会議でも堂々と発言して、自らの教育観も滔々と述べることが出来る。教育なんて、絶対的に正しいものなどの無い世界だから、完全に否定されることはない。されても、自分ではそう思わないから、否定されたことにならないんだけど。

自分の考えを否定されたときは
「あの先生は頭が堅い。」

とか、

「古い感覚から抜け出せないんだろう。」

等とうそぶいて、自分の考えは揺るがない。

自分がいろいろなことには気付けていないということが分からないから、強いものだ。このタイプは、優れた先輩や問題行動をとる子どもの保護者にぶつかって落ち込んだときに二種類に分かれる。

へこむだけで終わる教師と、そこからリフレーミング（再構築）していける教師の二種類である。後者は、自ら力量形成をしていける方向へ舵を切ることができるということだ。

二　根拠無き自信と不安

二十代では、根拠無く自信と不安が混在する。自信の根拠も不安の根拠も曖昧である。当たり前だ。教師になってまだ、十年も経っていないのだから。

それでも、パワーと体力はあるから、それを何に使うかによって、次の一〇年が決まってくるだろう。

すなわち、地道に教材研究をしたり、学級経営を学んだり、心理学を勉強したりしていけば、二十代は吸収力がすごくて頭も柔軟なので、三十代の半ばくらいからぐんと力量がアップするための基礎づくりができる。

「若いうちは、基礎基本のことをしなさい。」

これは、僕が若手の力量形成において最も大切にすべきだと思っていることである。

この言葉を明石の元校長岡本寿先生に言われたときは、腹が立った。当時二十五歳だった僕は、いろいろな新しい試みにチャレンジして、やる気まんまんだった。それだけ勉強しているという自負があった。しかし、岡本先生はそんな僕の提案を一言でばっさりと斬り捨てた。反発もできずに、ただ怒りのボルテージだけが上がったことを覚えている。

今にして思えば、あさはかで、何も知らない若気の至りでしかない。当時の僕は、国語の基礎基本とは何かということすら、答えられなかったからだ。

二十代は、色々なことを知らないし、分からない。それは、若さの利点でも欠点でもある。知らないからこそ、何にもとらわれずにできるのだし、分からないために、自分の身のほどを知らなくて済む。

具体例で言おう。一年生の算数で三つの数の足し算引き算の単元がある。「2＋8＋4」とか「4＋6－3」というような計算である。これは、次に繰り上がりの足し算と繰り下がりの引き算の単元があるので、その計算の仕組みを練習しておくというものだ。ある二十代の教師は、応用問題として「6＋7＋3」や「5＋8－7」というような問題を出した。

応用問題の中にすでに繰り上がりや繰り下がりが入ってしまっている。次の単元の意味が見通せていないことと、子どもたちのレベルがつかめていないからだ。もっとも、多くの子どもは塾ですでに繰り上がりと繰り下がりはしているので、簡単に答えられてしまう。しかし、底辺の子どもたちにはなんのことやらさっぱり分からない。

こういうことが常に起こるのが二十代である。

三　それでも自負は必要

自分が力量形成としてやっていると思っていることが、本当はどうなのかということは、二十代のうちには、分からない。教師という仕事は、圧倒的に経験がものを言う。ベンチャー企業のように、アイデアさえあればなんとかなるという職種ではないのだ。

子どもを見る目も、親の思いに心を致すことも、教材の本質をつかむ目も、授業の善し悪しを見分ける力もないのだ。常によく分からないカオスの状態で研鑽を続けなければならない。もしもこの文章を読んだ二十代の教師が

「そんなことはない。僕らにだって、見えています。」

と思ったら、その時点で教師は辞めた方がいいだろう。

最も大切なことは、自分に「見る目」や「判断力」がないのだから、判断力や見る目のある確かな人に頼るということだ。

つまり、先輩・先人の言葉に耳を傾けるのである。それがなければ、できていないのにできたと自己満足するか、失敗して自己否定に陥るか、どちらかだろう。

二十代教師の根拠のなさを指摘して、まるで二十代教師を否定しているかのように思われたかも知れない。そうではない。僕は若い先生達の根拠なき自信を全否定しない、僕もそうだったから。そういう根拠もなく大した勉強もしていないのに邁進できるのが若さの特権なのだ。勢いよくぶつかって失敗すればいいのだ。

ただし、今の教育現場は「責任主義」が横行して、できるだけみんなが責任をとらないように動こうとするから、若手のチャレンジは認めてもらえないし、失敗を許容する範囲も少ない。そういう意味では、失敗しにくいので、教師が小さくまとまってしまうことになっている。

若手は未熟を意識しながらも、今の自分のやろうとしていることに自負を持って取り組んで欲しい。それがなければ、何かにぶつかっても、失敗してリフレーミングすることさえかなわないから。

四　腹立ちをしまい込め

二十代の教師はまだまだ純粋である。子どものことを真剣に考えて、ストレートにものを言う。それに対して管理職や先輩からのバッシングがくる。その理由には二通りあるのだ。

一つは、理由もなく、若い者が言っていることだからと真剣に受け取りたくない場合だ。これは狭量だと言わざるを得ない。腹も立つだろうが、世の中はそんなものなのだ。力量をしっかりとつけて、上からなめられない教師になるしかない。

これはどんな職場でも起こることである。ただ、新しく伸びてくる会社はそういうことが少なく、若手にもフラットな姿勢で機会を与えてくる。その方が企業として成長できることが分かっているからだ。しかし、学校という現場は世の中のそういった流れが一番遅く来るところなのである。よほど度量の大きな管理職や先輩がそろってでもいない限り、二十代教師の言葉をしっかりと受け止めてくれることは少ない。

もう一つは、若者の意見はある一面からは正しくても、別の面から見れば正しくないことがあるということだ。年齢が上の人間は、伊達に年をくっているわけではない。若者の見えていない物が見え、さまざまな面を考慮して物事を判断しているのだ。

これは、経験を積まないと見えてこないことだ。そして、いちいちていねいに説明できないところだ。そういうことがあるというのは、知っておいた方がいい。

まともだと思っている意見をにべもなく拒否されると、憤る。それはいいことだ。憤りをどこに向かわせるかが大事なのだ。自分の中にしまい込み、さらに研鑽を重ねて、いつかその思いを実現する方向へ進んでほしいものだと考える。

五　最後は素直さが勝ち

僕は若手の教師の力量形成において、「素直さ」を最も重要視する。

多くの若手を見てきたが、自分の意見はしっかり持っているけれども、どこか素直で、先輩の意見に耳を傾ける教師は伸びてくる。

逆に若い頃は「いい先生になるだろうなあ」と思っていた青年が、途中から全然伸びなくなることがあって、それはほとんどの場合、人の意見に耳を傾けない場合である。

研究授業の事前研で、詩の教材解釈について意見を述べたとき、ある二十代の教師は、僕にこう言った。

「先生はこの詩を何回読まれましたか。僕は百回以上読んでいます。」

僕は、よほど
「ブーニンが初見で弾くのと、小学生が百回練習して弾くのとでは、どちらのピアノが優れているのだろうね。」

と言い返そうと思ったが、彼のしたり顔を見て止めた。それ以後、僕が彼にアドバイスすることはなかった。

つまり、他人の話を素直に聞くことが、力量形成につながるということだ。


（多賀一郎）

二十代は勘違いに陥りやすい

一　活きの良い二十代

教師というのは勘違いに陥りやすい職種である。

どこに言っても「先生」と呼ばれ、それなりの敬意をもった態度で遇される。毎日毎日、子どもたちは自分の話を聞いてくれる。ＰＴＡ集会では大の大人たちが黙って自分の話を聞いてくれる。学級崩壊や深刻な指導ミスさえ起こさなければ、管理職や同僚からダメ出しを喰うこともほとんどない。指導主事に至っては下にも置かない態度で接してくれる。

ある種の若い教師たちはこれを勘違いする。子どもたちが自分を慕ってくれるのは、自分に人間的な魅力があるからなのではないか。保護者が自分のもとに頻繁に相談に来るのは自分が頼りになるからなのではないか。いろいろな場で敬意を持って遇されるのは、自分の仕事が評価されているからなのではないか。そして自分には力量があると勘違いしていく。若い教師が勘違いしてしまうと態度が不遜になっていく。自らの教育観、指導観、授業観に合致しないものが提示されると、大声で批判する。その人を説得しようとし始める。そうした態度は見ていて痛い……。

馬鹿を言ってはいけない。その若者が教師でなかったならば、だれが若造のことを「先生」などと呼ぶだろう。管理職も同僚も指導主事も、陰では「分かってないなあ、こいつ……」と感じていることが少なくない。教師でなかったとしたら、だれ一人子どもたちは未熟な若造の話など聞かない。保護者が相談に来るのも我が子可愛さ故である。そしてその若者が一日の大半を過ごす学校という場において、我が子に影響力を与える「権力」を行使できるからである。保護者がＰＴＡ集会で黙って話を聞いてくれるのも、語り手が教師だからだ。ためしにそのへんの子ども連れのお母さんをつかまえて、「僕の話を聞いていただけませんか」とでも言ってみるといい。断られても何度も何度もお願いしてみるといい。良くてそそくさと逃げる背中を見つめることになり、悪ければ警察に通報されるはずだ。

教師は本人がどう思おうと、少なくとも学校では「権力者」なのである。僕らがそれなりに遇されるのも、みんなが僕らの話を聞いてくれるのも、僕らが国民的コンセンサスを得た「学校教育」というシステムを後ろ盾とした「権力」を纏《まと》っているからなのだ。「権力」とは、言葉悪く言えば「公認された暴力」のことである。教師という職業は、教師本人がどう思おうと、その存在自体が暴力的なのだ。その暴力的な要素が子どもに話を聞かせ、保護者に我が子の相談を持ちかけさせるのである。断じて教師個人の人間的魅力などではないのだ。

この存在自体が暴力的であるということをよく理解し、その暴力的な要素を「暴力的だ」と感じさせない教師、その暴力的な要素の「暴力性」をできる限り小さくしようと努める教師、それが「良い教師」と呼ばれる教師たちなのだ。それは決して、自らの教育観・指導観・授業観を声高に叫ぶだけで、他人の主張に耳を貸さない人間には到達できない境地である。

活きの良い二十代は、ここを勘違いする。

二　自信をもてない二十代

教師は勘違いに陥りやすい職種である。

教師には多種多様な仕事がある。授業づくりや学級づくりをしていれば事足りるという職業ではない。むしろ授業が下手だとか、行事運営に失敗したとか、学級活動がうまく行かなかったとか、そうしたことで深刻な立場に陥ることは稀《まれ》である。そうした教師の本業と意識されていることよりも、ちょっとした言葉遣いとか、事件・事故の予兆が捉えられなかったとか、トラブルの裁きにおいて両者をスッキリとさせられなかったとか、事務仕事でうっかりミスを犯したとか、子どもの体調不良の訴えへの対応が不適切であったとか、こうしたことで深刻な立場に陥ることが多い。しかも教師らは「言葉遣い」や「占い」や「裁き」や「事務作業」や「体調診断」の資格を持っていないばかりか、専門教育さえ受けていない。しかし、こうした本来できなくてあたりまえのことをそつなくこなすことが新卒の四月から求められる。教職とは実は難しい仕事なのだ。

運悪く若いうちにこれらのことで深刻な立場に陥る経験をする教師がいる。一度なら自分も周りも仕方ないなと思えるけれど、時期を置かずに二度目を経験するとかなりきつい。しかも一度経験すると子どもの眼も保護者の眼も同僚の眼も厳しくなるものだから、二度目が起こりやすいという現実もある。そうした若者はひどく落ち込むことになる。自信を失うことにもなる。まだ自信というものが形成されていない時期だから、こうしたネガティヴな事案に陥らないようにと慎重さばかりを旨として仕事をするようになっていく。慎重に事を運んでいるというのに再びトラブルが起こると、自分はこの仕事を続けていけないのではないか……とまで考えるようになる。そういう若者をたくさん見てきた。

しかし、人間からミスを無くすことは不可能なのである。しかも教師がトラブルに陥るのは主に専門外、つまり教員免許を取るに当たってなに一つ指導されることなかった領域においてであることが多い。確かに周りの同僚たちはミスを犯すことなくそつなく取り組んでいるように見えるけれど、それらは経験によって培われてきた能力に過ぎないのだ。もちろんミスを軽く扱ってはいけないけれど、重く捉えすぎてもいけない。むしろこれからの長い教師生活にとって必要な経験なのだと捉えたい。みんなそうして教師を続けてきたのである。

良い教師とはミスをしない教師ではない。自分の特性をよく理解し、自分の得意技、自分の長所を教育活動に活かす教師のことである。自分が好きなこと、自分が得意としていることに取り組もうとするとき、人は活き活きする。一つの取り組みが終わったら次の工夫を考えるようになる。仕事の仕方が挑戦的になっていく。そのサイクルに身を置けるようにならねばならない。

ミスを怖れ、リスクを避けるような萎縮した仕事の仕方は、自分も子どもたちも決して幸せにしない。ミスをしないだけの教師が同僚から評価されることもない。

自信をもてない二十代はここを勘違いする。

三 〈職員室の論理〉に陥る二十代

教師は勘違いに陥りやすい職種である。

多くの教師は常に〈学校的リアリズム〉のなかで生きてきた。六歳の春以来、学校に通わない期間の無いなかに生きてきた。無意識のうちに、〈学校的リアリズム〉だけを価値観として生きるようになっていく。

「難しい課題であっても、みんなで取り組めばなんとかなるものだ。」

「勉強なんでできなくても、人として間違ったことをしなければ報われる。」

「なにより大切なのは思いやりである。他人に対する思いやりを持たぬ行為は責められるべきだ。」

「だれもがやればできる。できないのは努力が足りないからだ。もっと努力しよう。」

しかし、みんなで取り組んでもどうしようもならない難しい課題は山ほどある。人として間違ったことの基準は場合によって変わる。近しい人への思いやりを持つために遠い人への思いやりをもてないのが人間だ。いくらやってもできない人間は確かに存在する。そもそも努力できること自体が一つの才能である。多くの現実が〈学校的リアリズム〉に反することには意識的であるべきだ。

それでも、こうした「生き方」に関する〈学校的リアリズム〉には多くの場合、人を勇気づけ元気づける。それほどの罪はない。

問題なのは、〈学校的リアリズム〉を、学校教育に対する批判的言説に耳を傾けない態度に閉じられるための理由として機能させてしまう場合だ。

「あの保護者は分かってない。あの親にしてこの子ありだ。」

「学校に対して世論が厳しい眼だけを向けるのはおかしい。」

「教育改革ができるわけのないことばかり要求してくる。」

これらは〈学校的リアリズム〉ではない。単なる〈職員室の論理〉に過ぎない。たかだか教師という数百万人に過ぎない人間たちが仕事をやりやすいか否を基準に、要するにたった数百万人の労働条件を守るために世論は形成されないし、政策も実行されない。批判的言説に耳をふさげばふさぐほど、批判的言説に心を閉じれば閉じるほど、〈職員室の論理〉は職員室に閉じられ、世論とのズレを拡大させていく。世論は〈職員室の論理〉とは比較にならないほどに時代の空気と親和性が高いし、政策は世論のコンセンサスのもとに策定されていく。少なくともそれが原則だ。

〈職員室の論理〉は職員室に生息し続ける時間が長ければ長いほどその正しさに確信を与えていくものである。若い時代、教師になりたての時代には学校教育のシステムにさまざまな疑問を抱いていた若手教師たちも、時が経つにつれて〈職員室の論理〉に馴染んでいく。自分たちは頑張っている、自分たちは認められていいはずだ、そういう確信に陥っていく。

最近、若い教師が〈職員室の論理〉のみに陥っていくのがとても早いように感じている。子どもや保護者の立場に立って、自分の学級の子どもがマイナス評価を受けるのに抵抗しようとする姿勢を見せる若者が少なくなってきているように感じる。それだけ職員室の同調圧力が増しているとも言えるし、若手教師が変質してきているとも言える。しかし、〈職員室の論理〉は、実は「職業的勘違い」と言って良い現象なのだ。

この視座だけはいつまでも持っていたいものである。

四　二十代に必要な眼差し

教師は勘違いに陥りやすい職種である。

若い教師には、どこかに「理想の教師像」があるように感じている教師が多い。

名人教師と呼ばれる先達に憧れを抱く者がいる。学園もののドラマで活躍する俳優たちに憧れを抱く者がいる。勤務校の職員室で縦横無尽に活躍する先輩教師に憧れを抱く者がいる。失敗ばかりしミスばかり続ける自分を悔やみ、失敗しないミスしない教師に憧れを抱く者がいる。どれもこれも、自分以外の別の場所にある「理想の教師像」を夢見ている教師たちだ。

ある年、僕が学年主任をしていた年の一学期のことである。初めて担任を経験する隣のクラスの女の子が子どもとのちょっとした言葉の行き違いで落ち込んだことがあった。彼女がメールで相談してきたので、それに応えてやりとりをしているうちに、こんな言葉が送られてきた。

「いつになったら教師らしくなれるんでしょう……。」

僕はすぐに返信した。

「そんな馬鹿なことを考えるんじゃない。教師らしいお前なんて目指すんじゃない。目指すべきはお前らしい教師だ。お前が教師に近づくんじゃなくて、教師という仕事をお前の方に引っ張ってくるんだ。そうじゃないとうまくいかない。いつまでも落ち込むことになる。負のサイクルから逃れられない。」

僕らは人間を相手にしている。人間を相手にしている僕らも人間である。人間である子どもたちに悪いところがあるのと同様に、教師である僕らにも悪いところはある。自分の悪いところを直そうとする教師は自分が苦しくなるのみならず、子どもたちにもそれを求めて子どもたちをも苦しくさせる。良いところを伸ばそうとするよりも悪いところを直そうとするが故に、結果的に教育的でない息苦しさをもたらす。遂には子どもの良いところよりも悪いところばかりが目についてしまい、そればかりを指摘するようになる。悪循環だ。

僕は子どもたちも自分も、良いところを伸ばすだけで良いと思っている。マイナスをなくしたとしても、それはプラスには転じない。ただゼロになるだけだ。ゼロになるための努力を無駄とは言わない。でも、ゼロになるための努力に四苦八苦するよりも、自分が持っているプラスをもっと大きくするほうに意識を向けるほうが成長につながるのだ。

そのとき、一つだけ気をつけなければならないことがある。それは「自分のプラス」が、ほんとうにプラスなのかと疑う眼を持つことだ。自分が活かそうとしている「自分のプラス」は暴力的でないか、自信のなさがそれを選ばせてはいないか、そして視野の狭い職業的勘違いに陥ってはいないか、これらの眼を自分自身に向ける眼差しだけは失ってはならない。

（堀　裕嗣）

第三章　三十代の力量形成

実践埋没か、理論的実践か

一　無茶苦茶にするのが三十代

「僕ら、三十代は無茶苦茶したなあ。」

僕の参加していた研究会で、先輩方がよく口にしていた言葉である。

この無茶苦茶するというのは、子どもに体罰したり、好き勝手な生活をすることではない。体力が最もある時期であり、二十代と違ってそれなりに授業力や学級経営力がついてくる時期でもある。だから、いろんなことが思い切り実践できる、それが三十代だと考えている。

僕の三十代は、どうだっただろうか。振り返ると恥ずかしいのだが、実力もないのに自信満々で、かなり無理なことをしていたように思う。

例えば、「今年度は、作文を徹底的にしよう」と思った年がある。作文指導の本を大量に買い込んで、春休みに読み込んだ。当時は、アマゾンでポチッとすれば次の日に本が届くというような時代ではなく、高い高い教育書を本屋を回って選んで買うことしかできなかった。本を買いに出るということからして、一手間も二手間もかかった。

その年は、全員（教科担任制度なので、二クラス六十人分）の作文カルテを作成して、日記と作文を全てチェックして、表記と表現とに分けて書き込んでいくということを行った。やり出してか

ら

「しまった。これは大変な作業だ。」

と気づいたが、途中で止めることはできず、一年間やり遂げた。そして、全く意味のないことをした、つまり、子どもたちの作文力向上に役に立たなかったことを思い知らされただけだった。

しかし、その一年間の無茶で意味のないように思えたことが、それ以後、子どもたちの作文を見ていく時の観点として、どれほど役に立っていったことか。努力に無意味はないということだ。

体育は、子どもたちとサーキットトレーニングをしていた。二クラスの体育を担当していたので、サーキットトレーニングも二倍したわけだ。意地っ張りだから全部子どもたちと一緒にして、一度も負けなかった。今なら、そんなことに意味は感じないけれど、その頃は自分に酔っていたと言えるだろう。

興味関心があちこちにあって、一つのことだけにとどめていることができなかった。

一読総合法は、新しい教材を使って取り組んだ。到達度評価も観点表をつくって、実践してみた。西郷竹彦さんの文芸研の本を読みあさり、それを使って教材研究して授業づくりをした。

向山洋一さんの『跳び箱は誰でも跳ばせられる』を読んで、全学年の十二クラスで跳び箱の授業をさせてもらい、全員の子どもを跳ばすことができた。（でも、今は全員を跳ばせることに対して

意味を見いだしてはいないが）

銀林浩さんの水道方式の算数を取り入れて、自分のクラスだけ特殊な方法をして悦に入っていたこともある。自分のクラスだけ優れたら良いと、その頃は本気で思っていた。ただ、利己的というよりも、あまりにも努力をしない周りの教師に合わせることはないという信念だった。

学級経営では、なんの哲学もなく、全生研のやり方を真似たり、アドラー心理学の手法を取り入れたりしていた。

それらの答えは、全て子どもたちが持っていたと思っている。子どもが動かなければ、その方法に疑問を感じるし、どんどん自分を越えていく姿にたくさん学ばせてもらえた。

二　時間の使い方

僕は有望な若手で三十前後の教師に直接言うことがある。

「気を付けないと、潰れてしまうよ。子どものために使う時間をしっかりと持たないと、本分の仕事がいい加減になってしまう。

僕は土日はほとんど家で次の週の授業計画や学級経営の案を練っていた。勉強していた。その時間を君は、アウトプットすること（執筆やセミナーでの登壇）を中心に使っている。僕の若いときよりもずっと優秀で凄い実践をしていると思うけど、十年、二十年経ったときに、その歳の僕には決して追いつかないだろう。」

それを頭に置いてくれている若手もいるし、流されていく方もいる。その選択は個人の勝手だから、僕は二度と同じことを言わない。

実践は一度では分からない。何度も繰り返しているうちに精度があがってくるものだ。若くして有名になった教師は、とってだしの世の中に出している薄っぺらい実践が多い。たった一回しかしたことのないものを、それもその学年を受け持つのさえ初めてのようなレベルで、人様に問うようなものを出してくる。二十代の教師には絶賛されるかも知れないが、その薄っぺらさは僕から見ると、子どもへの誠実さを欠くものである。

三十代に積み重ねた実践が、四十代から大きく花開いていく。子どもの見方であったり、教材の本質を見抜く力であったり、さまざまな教育技術であったり、磨かれた力が教育の質を上げていく。三十代は、そういう時ではないかと考えている。

三十代前半のある教師と話していた。この青年はどう聞いても優れた実践家なのである。子どもへの視点がすばらしい。デジタルを使いこなせるのに、デジタルには頼るべきではないと主張する。僕が見た若手の中でピカイチだと思った。しかし、彼はこう言った。

「僕は十年間は本を出しません。言われても書きません。そんなことに使う時間があったら、子どもとの実践に使います。」
僕は十年後の彼と一緒に仕事がしたいと思った。

三十代の十年間という時間は、とても長い時間であり、あっという間に過ぎる時間でもある。三十代の前半に見えているものが、四十代になると違ったものになる。当たり前だ。自分の中身を積み重ねていくのだから、もっと高いところからものを見ることのできるようになるのだ。さらに見えるものが広がっていくということだ。

三十代と四十代で同じことしか言っていない人は、成長していないのだと思っている。

三　二つの教師像

教師には実践埋没型と理論的実践型とがある。その分かれ目となるのが三十代だと思っている。ある程度、自分の形というものができて、それなりに通用すると感じる時期だからだ。

実践埋没型の教師とは、なんの理論もないのに、ただ子どもたちをコントロールできていることだけに自信を持ち、振り返りをすることがない。理論をバカにして

「理屈より、身体を動かせ。」

等と言う。

例えば、百字帳を毎日宿題に出して、漢字を何度も書かせる。

「たかが漢字、されど漢字。」

等と、分かったような言葉を吐き、漢字の仕組みを教えたり、効果的な漢字の習得法を考えることもしない。こういう教師は、自分のできないことは全て必要ないことにしてしまう。

「国語では結局、読みとりなんて教えられなくて、漢字しか教えられないものだと思う。」

と、保護者会で堂々と言い切った方がいたが、このような教師に教えられる子どもは迷惑千万だろう。

こういうのは本来、実践とは呼べないものだろう。ただの自己埋没と言った方が良いのかも知れない。

一方、理論的実践型の教師は、実践を積み重ねていく。理論がなければ進歩はないということを知っているからだ。しかし、いつも追い求めるので、現状にあまんじることはできない。悩みも常に共にあり、考え込みながら実践している。この仕事には到達点などないので、考えの尽きることは決してない。

考え込み過ぎて、鬱になる場合もある。こういう教師は適度な力の抜き方も学んでいかなければならない。

それでも、こういう教師の下では、子どもたちが育っていく。悩み考えながら、いつも自分たちの前に新しいものを提供しようとする教師の姿勢そのものが、子どもたちを育てる面もあるということだ。

四　力量はついてくる

三十代はがむしゃらにして良い時期である。いろいろなことにチャレンジできる。それだけの力量があるから、三十代で教師を続けられているのだ。学校全体のバランスなど考えなくても、まずは自分のしたいことをどんどん進めていくべきだ。

もちろん、そこには「何のためにするのか」という理論がなければお話にならないが、がむしゃらに自分の実践を推し進めていくことで、力量は自然とついてくるものなのだ。

その成果はまだ、充分に自分では検証できないものだ。そのことは知っておかないといけない。この三十代こそが、自分の実践の成果というものを、子どもの姿から学んでいく時期なのだ。子どもたちだけが、答えを持っていることを、心にしっかりと持つべきである。子どもを見つめ続け、できれば記録をとって、振り返るといい。

そうすれば、四十代には、子どもの見方、とらえ方というものについて、「見識」と呼んで良いレベルの力量にまでなっていくだろう。

大いに、自己実践を無茶苦茶にしてほしいと考える。

ところが、最近、この考え方を転換しなければならない様相を見せつけられている。

例えば、僕が指導に入っている関西の多くの学校では、三十代の位置づけが昔とは大きく違ってきているのだ。圧倒的に学校を動かす中心になっているのである。研究主任も三十代ばかりだし、教頭ですら三十代というところも珍しくなくなってきている。

このような状況では、三十代といえども学年のバランスを考えたり、チームとして支え合いながら実践していく道を模索しなければならない。学校のシステムに合わせての実践をしていかねばならない。

無茶苦茶しながら力量形成をしていくべき時期に、バランスやチーム意識を考えて実践していかねばならないのは、困ったものだと思う。しかし、そういう時代に合ったやり方をしていくしかないということである。

（多賀一郎）

三十代には分岐点がある

一　先の見える方と先の見えない方

三十代には分岐点がある。

自信を持って順調に仕事をしていく人と、自信を失ってちょっとだけ後ろ向きに仕事をするようになる人との分岐点が三十代前半にある。

順調な三十代はバリバリの教師になる。学級担任として自分なりの手法が安定期を迎える。職員室でも大きな仕事を次々に任される。教科主任や研究主任、児童活動や生徒会活動の仕切りを任されることが多くなる。中学校なら、学年の生徒指導を任されたり、部活動で次々に成果を上げていく時期でもある。さまざまなことに自信を持って取り組むことができる、それが三十代になる。

一方、うまくいかないことがあると、これまでの自分を、これまでの教員人生を否定したくなるほどに落ち込んでしまう、そういう危険性があるのも三十代だ。なかには一度の失敗で「辞めてしまおうか……」なんて考えてしまうことも少なくない。十年近い経験年数を経て、年度末にこれがあと三十年続くのか、自分はそれに耐えられるだろうか、そんな考えがよぎるのもこの年代の特徴かもしれない。

前向きに仕事をする人と後ろ向きに仕事をする人は、その分岐点をエポックにその後、数十年をかけて教職の在り方が変わっていく。差が開く一方になる。前者は成長し続け、後者は成功を求めて彷徨《さまよ》う。前者は成長を求めて成功を勝ち得、後者は成功を求めて失敗に落ち込む。成功が成長を志す者に訪れないことを後者は遂に知り得ない。僕はこの原理を「先の見える方を選ぶのが成功のコツ、先の見えない方を選ぶのが成長のコツ」という言い方をしている。

　こうすればこうなるはずだという見通しを持って人は成功を志す。しかし、現実というものはいろいろな要素でできている。見通しを完全に持つことなどできない。予想外のことに戸惑ったり、想定外のことに取り乱したり、そんなことはあって当たり前なのだ。この学級をうまくつくりたい、この行事で成果を上げたい、成功したい、先の見える方を選びたい、そういう生き方をすると、ほんのちょっとのノイズにも狼狽してしまう。

　実は、成長とは「変化への対応力」を身につけることを指す。予想外のことや想定外のことに適切に対処できたり、予想外・想定外の出来事に対して直感的に落としどころを把握したり、そしてできれば予想外や想定外を愉しめる構えを持つことができたり、そうした「変化への対応」ができたとき、人は「あっ、自分は成長したかも……」と感じるものなのだ。時代の変化のスピードが増してきて、この原理はどんどんその必要性を高めている。見通しを持ってコツコツ積み上げたい、その志向性がなかなか通用しない時代になってきている。どんな小さなことにも、重大な予想外・想定外が突如目の前に立ちはだかる。それを怖れる人には成長はもちろん、小さな成功さえ得られない時代になってきている。

先の見えない方を選択する者は成長と成功の相乗を得、先の見える方を選択する者は小さなミスに怯え、予想外・想定外を過小評価し、予想外・想定外に飲み込まれてしまう。飲み込まれた後は動揺と狼狽に迷い込まざるを得ない。自分を信頼できなくなり、よけいに後ろ向きになっていく。負のサイクルに嵌まり込む。

仕事とは〈フィールドワーク〉である。このくらいの心持ちが欲しい。

二　正しすぎる論理と三校目の危機

三十代には分岐点がある。

「正しすぎる論理」を使うようになるか否かの分岐点である。

「絶対なんてありません。人それぞれですから……」というのがそれだ。

この論理は正しすぎる。だれも反論できない。しかし、正しすぎるが故に何の役にも立たない。役に立たないばかりか、ときにマイナスにさえなる。この論理を持ち出した途端に、すべての思考がストップしてしまうからだ。

何かを思考しようとするとき、何かを議論しようとするとき、「絶対なんてない」という論理は取り敢えず括弧にくくらなければならない。括弧にくくって、もっといいものはないか、いま自分が考えているよりも高次の見解はないか、こういう構えで思考したり議論したりしなければならない。そうしないことにはすべてが現状維持である。

しかし、教員世界には思いの外この論理を持ち出す人が多い。特に研究畑の教師に多い。更にいえば、国語教育に携わっている者に顕著に多い。おそらく、あまりにも諸派諸説が乱立しているため、対立しないために編み出された詭弁なのだろう。また、自分の主張へのこだわりが大きいために、対立する主張から自分の身を守るために弄される詭弁という側面もある。前者は〈止揚〉を、後者は〈成熟〉を拒否している点で百害あって一利なしだ。百歩譲って、こうした態度が自分自身のみのこだわりから発祥しており、他に迷惑をかけないでいるのであれば、それほどの実害はないとも言える。しかし、こうした人々の多くは、他人にもこの論理への帰依を要求する。結局、この論理は「だまれ！」と言うのに等しい機能を持つ。

一方、「絶対がある」と信じる教師はもっと厄介である。意識としては「絶対なんてない」と考えているものの、無意識的に自分のやっていることを「絶対だ」と信じ、そこから逃れられない教師は少なくない。僕の印象では、それは三校目の転勤で顕在化する。

三十代は三校目の転勤を経験することが多い。初任で緊張感と戸惑いのうちに少しずつ勤務校に慣れ親しんだ一校目、初めての転勤に仕事の作法の違いに戸惑いながらも新しい学校に少しずつ対応していった二校目、二校目ではそれなりの重責も担うようになる。そして三十代半ばから後半に至っての三校目の転勤である。この頃には「こうすれば仕事はうまく進む」「こうすれば子どもたちをよりよく育てられる」という自分なりの仕事観・教育観がある程度確立している。この時期の転勤は、教師にある種の精神的危機を引き起こす。

これまで経験してきた二校の仕事の作法と新しい学校の仕事の作法が違う。教師陣のやることなすことがひどく非効率に見える。前任校で当然だったことに新任校の教師陣は気づいてさえいないように見える。子どもたちに対する教育観が違う、保護者に対する対応の作法が違う、各種行事に対する熱意が違う。さまざまなことが形式的に進んでいたり、逆にひどくゆるくていいかげんに見えたりする。自分がそれなりにやってきたという自負が、「この学校を変えてやる！」になる。ついつい職員会議での厳しい口調につながる。もとからいた教師たちに少しずつ距離を置かれ始める。或いは「こんな学校、さっさと出てやろう」になる。数年で転勤するつもりの仕事振りを示す新任教員に、職員室から温かい視線など向けられようはずもない。こういう三十代教員のなんと多いことだろう。

しかし、その学校の現状があるのは、その学校の歴史があってのことなのだ。新任教師には予想さえしえない事案が過去にあったのかもしれない。地域の実情によって非効率を承知でそうせざるを得ない事情があるのかもしれない。そうした陰の事案、陰の事情に新任教師は思いを馳せることができない。そもそも、その学校の歴史を知らぬ者に学校改革などできるはずもない。実は、学校改革をよりよく遂行できるのは、その学校の事情をよく理解し、その学校に深い愛情を持つ者だけであることをその教師は理解していない。自分の経験から導かれた正しさだけを基準にした改革の断行は多くの場合うまくいかない。

職員会議というものは何が正しいかではなく、だれが言ったかで決まるものだ。その意味で、職員室でまず目指すべきは「あの人が言うなら仕方ない」と思ってもらえるような人間として認めてもらうことなのだ。良し悪しは別としてこれが真実なのだ。このことを理解しない三十代は、転勤先で戸惑い、彷徨い、ときには自信を失っていく。それが三校目の危機である。

三　上の世代と下の世代

三十代には分岐点がある。

生き方の意識の中心を職場に求める教師と、それを職場外に求める教師との分岐点である。後者の場合、その基準となるものが行政の示す方向性であったり、官製・民間を問わず各種研究会であったり、書籍やセミナーで出会った先達であったり、学生時代の付き合いや趣味の仲間との交流であったり、仕事は喰うためと割り切って家族第一・家庭第一であったりとさまざまだが、いずれにしても勤務校の人間関係とはある程度の距離が置かれる。

もちろん、教師の人間関係が常に職場のみというのでは寂しい。さまざまな人との交流をしながら自分の人生を創り上げていくことは大切なことである。しかし、実は三十代というのは職場で最も学ぶことのできる、職場のメンバーで過ごす時間において最も学びの大きい時期なのである。意識の中心を外に置き、職場の人間関係の優先順位を下げてしまうのはあまりにも惜しい。僕は心からそう感じている。

例えば、職場の同僚と呑みに行くことを例に考えてみよう。

三十代は二十代を引き連れて呑みに出ることができる。四十代・五十代は気軽に二十代を誘えない。呑みに出ればまず間違いなく多めに支払わなければならない。かつてのバブル期ならいざ知らず、我が子に最もお金のかかるこの時期に、自分より若い同僚を引き連れて呑みに出る四十代・五十代はいまや滅多にいない。親の介護を抱えている場合も少なくない。おまけに二十代とは心理的に距離がある。二十代の側もなかなか胸襟を開くということにはなりづらい。そもそも四十代・五十代の言いたい仕事の機微を二十代は理解できない。ただ懇親の場になるのがオチである。しかし、三十代と二十代との会話はそうではない。二十代も胸襟を開くし、何より三十代の側にも二十代の新鮮な感性に対してまだまだ聞く耳を持っている。この違いは殊の外大きい。

三十代は四十代・五十代が話すこともストレートに理解することができる。仕事の機微や、組織の機微や、学校や地域を取り巻く実情や、同僚・管理職の評価や、三十代にはそうした職員室を形づくる小さな問題点が既に見えていて、四十代・五十代とそれらを共有することができる。二十代は実現したいアイディアがあったとしてもなかなか実権を握っている四十代・五十代に提案することができない。提案したとしても軽くあしらわれることも少なくない。しかし、三十代は違う。四十代・五十代の学校運営の実権を握っている人たちも聞く耳を持ってくれるはずだ。呑み会は実権を握っている人たちへの根回しの場にもなるし、意見交換の場にもなるし、自分のアイディアを実現していくための思考の場にもなる。そのアイディアを実現していくための配慮事項について、先輩教師からの助言をもらえる場にもなるだろう。

要するに三十代というのは、学校を実質的に動かしている人たちとも、これからを担う新しい感覚を持っている人たちとも、どちらともフラットに近い感覚で濃密な会話のできる年代なのだ。そして、あまり意識されていないが、その期間はかなり限られた期間なのである。思考にも発想にも柔軟性をもち、かつ職員室のすべての年代と心理的に近い距離感覚で話ができる。しかも、まだまだ体力があるので無理が利く。実は三十代こそが、その気になれば職場で最も学べる時期なのだ。いま、呑み会を例に挙げたけれども、すべての仕事場面において実は同じことが言える。職員室の構造や仕事の作法や根回しの大切さや管理職の立場や、そうした職員室の機微をある程度理解し始めた時期に、二十代に対してはある種のクッションとなるとともに二十代をある種のブレインとして機能させられ、学校を実質的に動かしている世代に対しては自分の意見・提案を聞き入れてもらえる俎上を持つ、それでいてまだまだ自分の間違いや驕りや配慮不足を正面から指摘してもらえる、人生にとって稀に見る成長機会を保障された年代なのである。

もちろん、外で学ぶことが必要ないとは言わない。しかし、人生において限られたこの時期に、勤務校の現実、勤務校の同僚から意識的に学ばない手はない。僕はそう思う。

外の仕事ではいくら具体的な話をしているようでも、話し手同士がイメージすることは個々ばらばらである。持っているコンテクストが異なるのだからそれは当然のことである。しかし、職場の同僚との交流は違う。同じ子どもたち、同じ地域、同じ学校、同じ職員室について論じ合っているのだ。このことの重大さを三十代のうちによく理解しておいた方が良い。

（堀　裕嗣）

第四章　四十代の力量形成

人間形成の四十代

一　四十にして惑う

四十代の教師は、迷う。論語では「四十にして惑わず」と言い、「不惑」の年齢であるが、実際には違う。迷うのだ。

本来は、実践家として充実してくる年齢である。実践することが楽しくて仕方ない時期である。従って、実践を迷うのではないのだ。

まず、四十代になると、管理職の立場になるかどうかで迷う。管理職を目指すということは、好き勝手なことはできなくなると言うことだ。僕は管理職に興味がなく、担任だけが希望だった。そのことは前の学校の管理職には理解できなかったようだ、そういう「愚かな？」考えの人間が本当にいるということが。

上を目指すと、どうしても視野が狭くなる。そのことに対するジレンマも生じる。自由に自分の好きなことをしていくわけにもいかない。はじめから上を目指しているような方は別として、子どもたちと一緒に学級でやっていきたい教師には、ものすごい葛藤となる。

自由は素晴らしい。子どもたちといるのが、教師は一番楽しい。そこから抜け出して上へ行くことには、抵抗がある。そういう迷いである。

僕は管理職になることを否定しているわけではない。誰かがしなくてはならない大切な仕事である。アラフォーの実践家たちには、

「教頭になってくれ。」

と頼んでいるくらいだ。僕や堀さんみたいな自由人の道を選んではいけない。現場に優秀な教頭がたくさん出て欲しい。その先生がいずれ校長になり、学校を率いることになる。優れた実践家であるその校長は、先生方へのアドバイスが的確にできるだろう。それが若手を育てることにきっとつながると思っている。

しかし、そう言うと、ほとんどの連中が最初は

「管理職はイヤです。特に教頭はなりたくありません。」

と断る。それぐらい管理職の魅力が薄いということなのかも知れない。僕は、みんな迷って欲しい。迷って考えて、管理職という選択肢もありだと思って欲しい。

二　厄年

四十代の前半は、厄年のど真ん中だ。厄年などと、そんな迷信を教育に持ち込んでどうすると思われるかも知れない。しかし、厄年には、それなりの根拠があるのだ。

健康に問題が生じてくるのも、この頃だ。これまでのような不摂生な生活のままだと、身体のど

こかに不具合が出てくる。体力も、はっきりと衰えを感じ始める。スポーツにもよるが、多くのハードなスポーツでは、四十代の現役は極端に少ない。四十二歳のイチロー（大リーグ、マーリンズ）は、メジャー最高齢だそうだ。

僕は二人の親友をこの時期に喪っている。交通事故と病気である。厄年というものは、いろいろな形で人生の危機が訪れやすい時期だから、日常生活のさまざまなところで十分に気を付けようということなのかも知れない。


仕事の上では、役職という肩書がつこうがつくまいが、中間管理職的な位置づけになってしまう。上からの圧力と下からの突き上げをまともに受けるということだ。両方に気を使うと、しんどくなってくるだろう。

保護者や先輩達から攻撃されて落ち込む下の先生も護ってあげたいし、

「上の言うことも一理あるなあ。」

等と、学校の立場というものを考えられるようになってくる。

その二つの板挟みになりやすい四十代なのである。真面目で他者を思いやる教師ほど、体調を崩しやすくなるのも当たり前ということだ。


さらに、自分の親の年齢が七十歳ぐらいになってくると、介護や認知症などの問題が出てくる。

子どもの進学問題が大きくなってくる。四十代は離婚も多い。決断したり、がまんしたりすることが増えてくる。

家庭的なことも含めての厄年なのである。

ここをどう乗りきっていくかで、人間形成の上での違いが出てくるのだ。厄年を経て、人は人間の厚さを増していく。力量形成というよりも、人間形成の時期だと思う。

三　僕の四十代

僕の四十代は激動の時代だった、阪神大震災で始まったから。

そこで僕の人生観が変わってしまった。人はみんな明日があると思っている。「明日の命は保証されない」ということは、理屈の上では分かっている。でも、本当にそんなことがあるとまでは、本気で考えられない。僕はあのときにそれを実感した。

明日、突然、子どもに会えなくなるときがある。

明日、自分の育ってきた街が無くなることもある。

そんなことを思い知らされた。自分の力ではどうにもならない力というものを畏れるようになった。

そこから、生き方を変えたと言って良い。今できることを明日に延ばさないようになった。そのときそのときを大切にするようになった。会いたいと思った方には、遠くまで会いに行った。

そうやって十年間、がむしゃらに生きた。管理職から好かれることはなかったが、仕事は人の倍以上したという自負がある。こんなことを書くのすら恥ずかしいが、同僚達の手助けをしたり、若手を励ましたり、職員室のムードを盛り上げることにも苦心した。放課後、残業している仲間にコロッケや焼きそばパンを差し入れたり、悩む若手を励ますミニ宴を開いたりした。

決して立派な人生を歩んできたと自慢しているのではなく、導かれるようにしてそうなっていったということなのだ。

ただ、僕がそういう四十代を過ごしてきたということが、今、いろいろな学校へ指導助言に入るときの心の支えになっている。

学校では全く浮いているのに、セミナー登壇や執筆で活躍している四十代教師をときどき見かける。セミナーで自分の学校の教師批判を繰り返す。相手が管理職ならまだ良いだろうが、同僚の批判は聞いていられない。若手ならともかく、四十代でそんなことを言っていては、周りがその人の言葉に耳を傾けることはないだろう。

「こんなことを言っている人に他の教師はついていけないだろうなあ。」

と、思ってしまう。

その人の生き方だから批判する気はないが、僕は私学だったということもあって、自分だけペースをあげることを四十代では抑えてきた。隣の教師が倒れると学校の評判につながり、自分の給料にもひびいてくるからだ。

学級通信のペースも相担任のペースに合わせた。若い子が書いたら、僕も書く。僕がどんどん突っ走って書くことはしなかった。「学級通信を三百号出しました」というのを聞くと、

「隣のクラスの先生は辛かっただろうなあ。」

と、思わざるを得ない。

通信などを書くことの苦手な先生と一緒に受け持ったら、作文だけもらって、僕のクラスと一緒に通信を出していった。その代わり、音楽のプロデュースや、しおりの作成などを全てお任せして助けてもらった。いかに他の先生の力を使うかということが、四十代からの僕の課題だった。

四　四十代は、総合力

四十代は、学校の中核となる年代だ。自分のことだけできても、その年齢での力量がついているとは、言い難い。その先生の授業と学級は素晴らしいが、同学年を受け持った教師達がバタバタと倒れて休職していくようでは、優れた四十代の教師だとは言い難い。

四十代になったら、ある程度の実践力があるのは、当たり前である。そこまで教師を二十年間続けてきたのだから。それは、本を書くとか、セミナーに登壇するとかの下世話なことではない。そんなことは教育の本質ではない。

実践力とは、子ども理解力、授業力、保護者対応力の三つの柱である。

子ども理解力は、年々深まっていく。子どもたちと二十年以上に渡って一緒に過ごしてきて、理

解が深まるのは当たり前のことである。人生の悲哀を経験しながら子どもを見つめ続ける四十代教師だからこその子ども理解がある。

ただし、子どもの思いを読み取ろうともせずに、自分の考えを押しつけようとするだけの四十代教師には、そんな力量形成はあり得ない。

授業力は、四十代においてはっきりとした力量の差になって現れてくる。子どもをおとなしくさせるだけなら、恫喝や怒鳴り声でもなんとかなるかも知れない。しかし、授業で子どもたちに力をつけるためには、そんなものは全く通用しない。

悪いが、四十代になって、目も当てられないような悲惨な授業をしている教師達がいる。授業力をつけられなかった教師達だ。子どもや保護者からは軽んじられ、同僚の支持も得られない。しかし、プライドだけは高いのでえらそうにしている。裸の王様と言っていい。四十代に授業力がないということは、みじめなことでもある。

保護者対応力は、四十代では、落ち着いたものが求められる。多くの場合は保護者よりも年上になり、人生経験も豊富なはずなのだから。

どういう事かというと、保護者と言い合いをして説き伏せるような力ではなく、落ち着いて穏やかに説得して、保護者に納得してもらえるような力量が求められるのである。

もう一度言うが、子ども理解力、授業力、保護者対応力。その全てにおいて力を発揮できるのが四十代教師である。

そのうえで、周囲を活かし、周りの人材を育てることまでできてこそ、初めて四十代の実践家と言える。著書がいくらあろうとも、各地のセミナーで登壇しようとも、学校で若手の育成に力を発揮できないなら、学校に役立つという視点での教師の力量は、実につまらないものになる。

学校の側からすると、その教師個人に一〇〇の力を発揮してもらっても、隣の教師が倒れて〇になったら、学年としては、五〇ずつしか力を出してもらえなかったということだ。自分が八〇くらいになっても、隣が六〇まで力を発揮できたら、アベレージは七〇となり、及第点である。

実際にはそんな単純計算は成り立たないが、自分だけががんばる四十代の教師に力量があるとは言えないということである。

つまり、生き方が教師の力量となるということだ。この四十代の過ごし方で、五十代の教師の姿が決定するのだとも考えている。

（多賀一郎）

四十代は先が見えてくる

一　社会の中心に軸足を置くか、社会の周辺で適当に楽しむか

四十代は先が見えてくる。

自分はここまでだなという〈仕事上の限界値〉が意識されるようになる。三十代までのようにただ子どもたちとあれこれ試行錯誤するのが楽しいとだけは思っていられない。出世についても良くてこのあたり、悪ければこのあたりというのが見えてくる。

教師生活は約四十年。前半の二十年を往路、後半の二十年を復路と考えれば、四十代前半あたりが往路と復路の折り返し地点である。しかも復路の二十年は現実的にさまざまな規制がある。管理職試験を受ければ管理職の言うことは絶対になるし、若手教師やメンタル的に弱い教師のフォローに時間と労力を費やさねばならないということも出てくる。結局、教師生活の復路は教師生活の往路でどれだけスキルや人間的魅力を貯蓄し得たかで決まると言って過言ではない。多くの教師にとって教師生活の復路は多かれ少なかれ、往路の貯金を切り崩しながら、なんとかその場その場でバランスを取っていくという仕事の仕方になるのが現実だ。それなりの貯蓄があればバランス感覚の発揮、貯蓄がなければ辻褄合わせ、それが教師生活の復路である。

そんな復路の生き方において、世の中にはふた通りの過ごし方がある。

一つは、社会の中心にしっかりと軸足を据えて、つまりは仕事上の組織の中にしっかりと身を置いて、職務を機能させたり降りかかった火の粉を振り払ったりしながら過ごす生き方である。なにか不祥事があったときに記者会見で謝罪したり弁明したりしている教育行政の人たちや校長を見ていると、組織に軸足を置くことは良いこともあるがあのような責任もあるということを痛感させられる。

もう一つは、社会の端っこの方で適度な適当さを持って楽しく過ごす生き方だ。出世も考えなければ金儲けも考えない。家族が大事、趣味が大事、自分自身が大事などなど、なにを大事にするかは人それぞれだが、仕事や組織に自分を掠め取られることを忌避する人たちである。所属する組織を優先順位の一位に置かない人たちと言っても良い。ちなみに僕は既に二十代の頃から、組織に掠め取られることだけはいやだと思ってきたタチで、明らかに後者の人生を歩んでいる。

四十代の半ばから後半にかけて、人は前者と後者のどちらの道を選ぶのかを決めなくてはならない。どっちつかずだとどちらも中途半端になる。揺れ動くことこそが人の本質ではあるが、中心で生きていくならちゃんとその覚悟を持って生きる方が自分の人生を肯定できるはずだし、周辺で楽しむことを選ぶなら迷いなくちゃんと楽しんだ方が自らの人生を充実させられるはずである。

どちらを選ぶかは人それぞれだ。趣味・嗜好の範疇である。ただ、本書を買うような読者なら、僕や多賀さんのような実践研究生活のようなものに興味を抱いている方々が多いのだろうと想像するので、一つだけ可能性として伝えておきたいことがある。

読者諸氏は本書のライターの一人である多賀一郎氏はもちろんご存知だろう。そしておそらく、野中信行氏もご存知だろうと思う。実は、このおふた方が処女作を上梓したのは五十代の半ばである。いまやおふた方ともさまざまな学習会やセミナー、行政の研修講座や学校の公開研究会の講師として引っ張りだこだが、五十代半ばまでは少なくとも全国的には無名だった。僕もいまでこそおふた方と親しくお付き合いさせていただいているが、十年前にはおふた方とも存じ上げなかった。

僕が言いたいのは、社会の中心で生きるにはさまざまな段階で年齢制限があり定年もあるが、社会の周辺側で楽しむ自由な生き方の方には年齢制限も定年もないのだということである。もちろん、だから中心ではなく周辺を選ぶべきだと言っているわけではない。ただ僕は多賀さんも野中さんもご自身の人生をまったく後悔していないように思えるものだから、こうしたことが人生の選択のヒントの一つになるだろうと思って申し上げているだけだ。そもそも、社会の中心に軸足を置くタイプの教師たちは、だれ一人本書を手に取らないだろう。わざわざ僕ごときがそういう人たちになにかを申し上げる必要はないわけだ（笑）。

二　無意識に情報に制限をかけるか、新しい情報を得て思考を活性化するか

四十代は先が見えてくる。

人は年齢を重ねるとともに年上の人が減り年下の人が増えていく。なにを当たり前のことを……と思われる向きもあるだろうが、人は年齢を重ねることの当然の原理を忘れてしまう。城重幸やロ

スジェネ論者に見られるような「若者被害者論」が出て、初めて年長者は「うるせえなあ」「めんどくせえなあ」と重い腰を上げ始める。この国に巣くうメンタリティの最悪の構図の一つである。人は年上の人間を尊重し年下の人間をなめてかかる。教師ばかりでなく、子どもたちを見ていてもその傾向があるから、これはおそらく世代を超えた普遍的な構造である。しかし、必ずしも年長者が後続の人たちよりも優れているわけではない。これも同じように普遍的な構造である。どの世代にも東大生がいて、どの世代からも総理大臣が出るように、どの世代にも優秀な教師は出現するし、どの世代にも優秀でない教師は存在する。

例えば、あなたが若い頃から現在まで、無類の音楽好きだったとしよう。中学生・高校生の頃はなにか新しいミュージシャンがいないかとアンテナを張り巡らしていたはずだ。しかし、三十代になり四十代になったいま、青春期に好きだったミュージシャンの新譜は追うものの、若い世代のミュージシャンを追うことはもはやない。そんなふうになっていないだろうか。

例えば、あなたが若い頃から現在まで、無類の小説好きだったとしよう。高校・大学、二十代あたりまでは芥川賞作品は必ず目を通すことにしていた。でも、三十代になった頃からどうも芥川賞作品に共感できないことが多くなってきた。そんなふうになってはいないか。具体的な例を挙げるなら、あなたは二〇〇四年に芥川賞を獲った綿谷りさの『蹴りたい背中』と金原ひとみの『蛇にピアス』を本気で読んだだろうか。僕は綿谷りさの『インストール』という作品を文学史に残る名作だと考えている。

もう一つ例を挙げよう。宮台真司という社会学者がいる。九〇年代に大活躍した、読者に社会学という学問にフィールドワークのイメージを植え付けた社会学者だ。『制服少女たちの選択』（講談社）を初めとする著作で援助交際ブームを巻き起こしたあの社会学者である。オウム真理教事件を契機に時代の機運を分析した『終わりなき日常を生きろ』（筑摩書房）は時代のキーワードにもなった。現在の四十代は割と夢中になって読んだ方が多いはずである。しかし、鈴木謙介はどうだろうか。二〇〇五年に三十そこそこで『カーニヴァル化する社会』（講談社現代新書）という傑作を著した社会学者だ。古市憲寿はどうだろう。二〇一一年に『絶望の国の幸福な若者たち』（講談社）で各社の成人の日の社説を批判し、二〇一二年の成人の日の社説の論調を変えさせてしまった気鋭である。彼は一九八五年生まれだから、『絶望の国の…』は二十代半ばの著作である。僕は『カーニヴァル化する社会』も『絶望の国の幸福な若者たち』も、少なくとも出版時においては教師にとっては必読書であったと確信する。

そろそろ僕の言いたいことがお分かりだろうか。確かに人は年齢を重ねるとともに年上が減り年下が増える。しかし、年長者にはそれとともに目を通す論者の数も減っていく傾向があるのだ。僕ら教師は時代の風を胸いっぱいに浴びている子どもたちを毎日相手にしているにもかかわらず、その時代の風を受けて登場した若手論者の見解に興味を抱かない傾向があるのだ。これは果たして、より良い教師の姿勢と言えるだろうか。

教師は若い世代の論者からこそ意識的に学ぶべき職業なのである。次々に現れる後続世代から学び続けなければ、実は子どもも理解などできないのだ。同じような世代の論者、自分よりも年上の論者の著作ばかりを読んで「なるほどいまはそういう時代だ」とほくそ笑む視線にはかなりのバイアスがかかっていると自覚しなければならない。四十代になると人はどんどん視野が狭くなる。その自覚を持つことこそが必要なのだ。四十代になって先が見えてきているように思うのは、決して年齢が上がったことばかりが原因なのではない。無意識のうちに情報に制限をかけ、若いときのような思考を活性化させる新たな情報に触れていないことが大きな要因なのである。

三　自分の生きる時代だけを想定するか、その先まで想像できるか

四十代は先が見えてくる。

しかし、その見えてきている「先」とは、いったいどのくらい先のことなのだろうか。

現在、若い世代（さすがに二十代はあまりいないが）の著作が次々に刊行されている。大型書店の教育書コーナーに行くと若い世代の著作であふれている。僕もそのなかの何割かには目を通しているが、正直、玉石混交の感は否めない。

しかし、文学や芸術、学術とは異なり、教育実践者の論理には「時代を語る」という視点は欠落しているのが一般的である。学校教育における時代認識というのは教育史と密接に関係しており、若い世代（これは四十代も含めて）には書きにくいという特徴がある。その意味では、若い世代の書き手から年長者が何かを学ぼうとする場合、教育書においては目的的な観点が必要になる。

前節において、僕は「人は年齢を重ねるとともに、年上の人が減り年下の人が増える」と述べたが、実は年齢を重ねることにはもう一つ、見過ごしてならない大きな特徴がある。それは年齢を重ねるとともに未来が減って過去が増えていくということだ。これまたなにを当然のことを……と思われるかもしれない。しかし、この視点はものを考えるときにはかなり有効な視点なのである。「未来」という言葉を使うとき、四十代は教育を論じるなら今後二十年を、人生を論じるなら今後四十年をしか考えない。しかし、二十代なら教育を論じるなら今後四十年を、人生を論じるなら今後六十年を想定するのだ。この違いには計り知れないものがある。

例えば、二〇六〇年という年はここ五年ほど、子どもの将来を論じるうえで一つの鍵として機能する年になっている。国立社会保障・人口問題研究所が今後の出生率の変容予測をもとに二〇六〇年までの人口分布の予測を発表したことによる。それを見ると、二〇六〇年の日本の人口は八六〇〇万人、うち三五〇〇万人が六十五歳以上の高齢者になると推計されている。現在は二〇一〇年のデータで総人口が一億二八〇五万六千人、高齢者が二九四八万四千人だから、パーセンテージ比較すると高齢者は現在の二三・〇パーセントから四〇・七パーセントまで上昇するわけだ。ちなみに二〇六〇年の六十五歳は二〇一五年現在二十歳の人たちである。

僕は一九六六年生まれだから、二〇六〇年の日本について我が事として真剣に考えようとは思わない。自分がこの年まで生きている可能性はゼロである。しかし、現在の二十代、三十代にとってはまだまだ生きている可能性の高い年だ。自分が老齢になったとき、この国はどんなカタチをしているのか、少しでも社会に興味を抱いている人ならばそのくらいのことは考えるはずである。僕だって二〇五〇年なら少しは考えなくはない。

さて、若い世代の著作を読んでまず注目すべきは、その世代の人たちがこれからの学校教育の在り方を、或いは子どもたちの将来像をどのように見ているかということである。僕は本屋に行ったとき、立ち読みしながらこの学校教育の将来像、子どもたちの未来像を論述の軸に据えている若手の著作は買うことにしている。それがどれだけ奇想天外であったとしても、少なくとも本を著す程度の教師が自分の持てる能力を駆使して描いた未来像であるわけだから、それは「読む価値あり」と判断する。そこには僕の世代では思いもつかないような予測が述べられているかもしれないからだ。しかし、現在の実践のなかからちょっとした思いつきを並べているに過ぎないと見れば、そこに千数百円を支払うことは惜しむ。それが買うか買わないかの判断基準だ。

要するに僕は、若い世代の「ものの見方」を学ぼうとしているのであって、教育手法を学ぼうとは思っていないわけだ。しかし、新世代の「ものの見方」を学ぶことを、僕は旧世代（自分よりも年長の論者たち）の「ものの見方」を学ぶことよりも優先順位としては高く位置づけている。それは前節で述べたのと同じように、その世代よりも更に若い世代を相手に仕事をしている身としては当然のことだと考えているからなのである。

先が見えてきたなと嘆いている四十代諸君に敢えて言おう。先が見えてきたなどと思うのはなにも考えていないからなのだ。あなたは単なる勉強不足なのだ。反省しなさい（笑）。　（堀　裕嗣）

第五章　五十代の力量形成

五十代は自分の力をどう使うかだ

一　動け、五十代

五十代を終えたばかりである。僕の五十代は多くの方にはお勧めできない。でも、そこを抜きにして五十代は語れないので、自分の振り返りから簡単に述べたい。

五十代前半の僕は、がまんの時期だった。その内容をつらつらと書く気はしないけれど、学校を良くするということに貢献できずに、自分のクラスや学年に全力を注がざるを得ない状況だった。しかし、永年「教育オタク」として勉強してきたことが全部実りはじめて、実践家としては面白くて仕方ないという感じになっていた。

漢字一つでも、今教えていることがこれからの学習にどうつながっていくかを知りながら指導できるし、どの程度練習すれば、どのくらいできるものかも分かっている。子ども同士のトラブルでも、見ただけでその軽重が理解できる。

授業も学級指導も「こんなところまで、できてしまう。」という喜びの日々であった。五十代になって、同級生達や仲間たちの多くが管理職になっていく中で、僕は学級担任を持って思うままに実践をしていった。この五十代前半の五年間が、自分の教育の支えになっている。

子どもたちが五月くらいにがちゃがちゃしていても、先生に反発しても、保護者から何か言われても、二学期後半には僕の予測通りになっていくだろうという「読み」があった。そして、その通りに育っていくことで、自分の考えを証明できた。間違わないでいただきたいが、決して子どもを思うようにコントロールしていったわけではない。子どもは自分の思い通りにはならないということが分かっていたから。

もう一度言うが、五十代の学級担任は面白くて仕方がないものだ。あえて不遜な言い方をさせていただくと、それを経験していない教師には、授業も子どもも半分しか分かっていないとまで思っている。もっとも、ただ何も深く考えずに漫然と生活している化石のような教師には、五十代実践の値打ちは決して分からないだろうが。

五十五歳のときに、一念発起して、

「動こう。自ら行動しよう。」

と決めた。ブログを始めて毎日書いていった。ブログとは不思議なもので、どこかで誰かが読んでくれていて、何かのきっかけでその方と出会うきっかけともなっていった。例えば、石川晋さんのブログを「僕と似た感覚の先生がいるなあ」と眺めていたら、僕のブログをリンクしてくれていたので驚いた。

ともかく動こうと決めていたので、名古屋に晋さんが来ると聞いて、会いに行った。それが石川晋さんとの共著につながっていった。

そのとき、懇親会のエレベーターで
「多賀さんの本、読んだよ。」
と声を掛けてきたのが堀裕嗣さん。堀さんと名刺交換したら、しばらくして
「等価交換で札幌と神戸でやりませんか。」
というメールが来た。それがここ数年の堀さんとのつきあいの始まりだった。
自分から動くことで人とのつながりができ、そのつながりをお互いに大事にすることから、深まっていくということだ。

初の単著が二〇一一年の十一月発行であった。ということは、まだ四年半しか経っていないということである。この単著も、僕が動こうとしたことからつながって生まれたものである。
新潟で赤坂君（彼が院生のときからのつながりなので、「君」づけになってしまう）がセミナーを企画した。そこには、個性的な二人、堀川真理さんと中村健一さんが出演（笑）していたので、おもしろそうだから個人参加で申し込んだ。そうしたら赤坂君が
「せっかくだから講座をしてください。」
というので、短い講座をさせていただいた。このとき、前述の二人との出会いとなったのである。この二人は、今でも僕を年上なんて全く思っていない。ため口で会話する。それがまた、僕にはほっとするんだけど。

話をもどすが、この後、中村健一さんは僕の大阪でのセミナーにも来てくれた。そして、僕に本の出版を強力に奨めてくれたのである。それが最初の単著『多賀一郎の国語の授業の作り方』（黎明書房）なのである。

それ以後、短い期間で単著は十四冊になり、共著もたくさんになった。これも、僕の第一歩から人とつながり、人の力によって実現していったことだ。そのことをはじめから望んでいたわけではない。そういうあざとさを抜きで動いたら、こうなったということである。

五十代になると、動きが鈍くなる。ある程度自分の位置や生活が固まってしまって、安穏とそれに浸りがちだ。しかし、だからこそ動いてみることだ。そこから新境地が生まれ、次の人生へのステップが見えてくるのだと思う。動けば、人に出会う。出会っただけではダメで、それをつなげていかねばならない。つなげるということは、出会いを無駄にしないということである。

五十代だからこそ、動くべきだ。

二　次のステップにどうつなげるか

僕と同世代の友人達と語っていると、六十を超えてからどうするか、つまり、定年後にどうするかという話になる。ほとんどの教師達がそういうことを考えて五十代後半を過ごしている。

昔は定年後はゆっくりするという人たちが多かった。社会保障的にものんびりと余生をおくれるだけのものがあったし、ブラックな言い方で申し訳ないが、何よりもそれほど長生きできなかったから。

今は、定年後もしっかりと人生を生きる時間がある。余生などとのんびりしている場合じゃない。そこからの人生を生きなくてはならないということだ。

だから、五十代の後半は今の学校での教育を最優先させながらも、次のステップへつながる準備もしなければならない。

教師をしている間は十分にかなわなかった道に入るのも良いだろう。僕の知人は定年の数年前に退職して、かねてから関わりのあったユニセフに身を投じてアフリカなどにも行って子どもたちを支援している。

また、ある知人も、定年前に退職して蕎麦打ちを始め、古民家を使って蕎麦屋を開いている。第二の人生は色々あって良いだろう。人生いろいろだということである。

この本は教師としての力量形成について述べている本だ。やはり、教師としての次のステップを五十代でどう考えるかを述べよう。

一言で言うと、子どもたちに直接に関わらない教育について考えていくということである。身体はもう張れない。体力的にきつすぎる。身体を張って子どもにぶつかっていける次世代をどう育てるかということに専心した方が良い。それはこれからの教師を育てていく教師教育だけではなく、視野を広げて教育というものに関わっていくということでもある。

五十代の後半は、まさしくステップアップのための試行期間なのである。

三　老害は見苦しい

五十代教師でもっとも僕が忌み嫌うのは、「老害」である。

五十代にもなると、中身があるかないかは別としても、学校や組織でそれなりの位置になってしまうものだ。

中身のない教師には困ったものだ。管理職になったら、使い切れない権力という武器を振り回す。その大迷惑をこうむるのは、その学校の教職員たちである。いや、それだけではない。優れた管理職のみなさんにも、実は迷惑がかかる。

「管理職とは、こんなつまらない人間ばかりだ」という誤解を、世の中に与えてしまうからである。

たとえ管理職ではなくても、年齢のいっている分、発言が重くなったり、学校の方向性にもの申したりすることがある。組織に属していると、そこの長老的な役割になることがある。そのときに、老害を発揮する教師がいるのだ。これは、中身のある教師も空っぽの脳筋教師も同じなのである。

というよりも、老害は中身の少しある教師の方が多いのだ。意外に思われるかも知れないが、みんなが無視できないから、困ってしまうということだ。研究会などで、みんながある程度認めているベテランの教師に真っ先に発言されたら、それと違う意見は話しにくくなる。最初から方向性が決まってしまう。

そういう教師は意見を言うときに純粋に思いをぶつけるという感じではなく、したり顔で、「なあ、みんな、そう思うだろう?」的に聴衆を意識しながら話す。ときには、自分の存在感を示すためだけにそういうことをする。五十代にもなり、それなりに尊敬を集める教師だと、おつきの御用教師がそれに追随したような意見を述べていく。

そんな研究会には意味を感じない。建設的な議論など起こるはずもない。

僕はそれがイヤだから、私学の大会などで自分から挙手して発言することはめったにない。それをするときは、変な方向に話が進んでいると感じたり、個人の人格否定的なことが横行し始めたりしたときだけである。

また、私学の懇親会で乾杯の音頭をと乞われても、絶対にしないようにしている。今の運営委員に回す。したり顔で長い演説をするのは、老害だと思っているからだ。

講演を依頼されて、その立場でいただいた時間は、遠慮無く思いっきり話して自己主張もするが、そうでなければ隅っこで黙って話を聞くようにしている。(滞ったときには、アドバイスしているが……）

校内の研究会で、若手中心に新しい取り組みをしようとしたらストップをかけるベテランがいるときがある。これも老害である。若い連中のすることには危うさがあり、足りないところもたくさんある。その企画の欠点をあげつらって潰すことなど、簡単なことである。

「そこまでする必要なんかない。自分のクラスでは、そんなことしなくてもやっていける。」等と、利己的な意見を恥ずかし気もなく述べる。

そうやって、個人の感覚や自らが楽するために、改革的な意見を潰していくのである。

しかし、それでは人は成長しないし、学校も改革できない。

大切なことは、どの位置に立ってものを言うのかということである。高いところに立ち、少し離れて俯瞰するような見方をすれば、五十代らしい巨視的な視点の意見が出せるだろう。五十代は自分が学校や組織の中で重い位置にいることを自覚するべきだ。自分がどう思おうと、発言には影響力が強く出る。そんなときに若手や中堅のアイデアが活かせるようにアドバイスできてこそ、五十代の力量であると考える。

（多賀一郎）

選ばれた者だけが五十代を充実させられる

一　空気をつくり、コンセンサスをつくる

選ばれた者だけが五十代を充実させられる。

僕はこの原稿の執筆時、まだ四十代である。つまり、自分が五十代になった経験がない。そんな人間が五十代の力量形成について書くのは不遜だと承知のうえでこの原稿を書いている。

先日、赤坂真二が五十歳になったのを機に、ＦＢでメッセージのやりとりをした。二人で共通して確認したことは、おそらく仕事のうえで最も力を発揮できるのは五十代だろう、ということだった。五十代が最も自分自身で判断したり自分の見解を遠慮なく主張したりすることができる。周りの人たちにも世間の人たちにも最も耳を傾けてもらえるのが五十代だろう。そして、その五十代は四十代をどう過ごしてきたかで決まる。いよいよ自分たちもこれまでの生き方の成果が試され、評価される年代を迎えたってことだね。記録があるわけではないので正確ではないけれど、概ねこんな話だったように思う。

五十代の教員を見ていると、楽しそうに仕事をしている人と苦しそうに仕事をしている人とにはっきり分かれているのを感じる。余裕を持って仕事をしている人とぎりぎりの心持ちで仕事をしている人と言っても良い。管理職かヒラ教諭かということにかかわらず、そういうふた通りの五十

代がいる。その違いはトラブルに遭遇したときに顕著に表れる。前者は不測の事態にどっしりと構えている。後者は不測の事態にばたばたする。必要以上に原因を追究したり、他人の責任や部下の責任を追及したりする。見ていて醜い。正直、「なにをそんなに怖がっているのか」と感じる。

管理職だと両者の違いは、研究授業の助言者の言に顕著に表れる。前者はあくまでその日の公開授業を見て、具体的な改善点を述べる。自分だったらどうするか、何があればもう少し上を目指せたか、そうした具体的なことから今後何をすべきかを助言する。ところが後者は、事前に用意していた理念とか、権威づけのための偉い人の言とか、自分の若い頃のエピソードとか、要するにこの公開授業をもとにしない助言に終始する。しかもそうした助言の在り方が、実はその場にいる若い人たちに底の浅さを見抜かれる要因になっていることにさえ気づかない。「この校長、力がないなあ……」と思われていることに気づかない。でありながら、若い人たちにそう思われてしまうことを何よりも怖れている。だから自らの浅薄さを理念や権威や美談で包み込んで、なんとかその場をしのごうとするわけだ。見ていてほんとうに痛い。

走る二十代、跳ぶ三十代、メタモルフォーゼの四十代を経て、五十代は「空気をつくること」「コンセンサスをつくること」をその使命として負う。

自分がプラスになると信じることに取り組む、その取り組みが自分の見えないところにマイナスをつくり出していたとしても、走る二十代や跳ぶ三十代ならば許される。若さとはそうした特権を持つ貴重な時期でさえある。でも、四十代はそうはいかない。自分にとってのプラスをつくり出すことによってどこにマイナスが生じるか、そのマイナスまでを勘案したうえで判断できる、そんな力量を身につけなくてはならない。若者を育てるために、組織を機能させるために、弱者が必要以上に損害を被らないように、強者が必要以上に天狗にならないように、そんなことまで考えて動く、そうした視座を身につけるのが四十代のあるべき姿なのだと思う。

しかし、五十代は更にそれ以上の影響力を持っている。五十代の動きによって、五十代の判断の如何によって、人が傷ついたり、ときにはダメになってしまったり、他人の人生を変えてしまうことさえあり得る。五十代に必要なのは、自分にとってのプラスではない。みんなにとってのプラスである。常にその場にいるすべての人たちが納得できることを言い、常にその場にいるすべての人たちにプラスになる判断を行う、それが五十代の〈空気づくり〉〈コンセンサス形成〉の要諦である。苦しそうに仕事をしている五十代、余裕なくぎりぎりの仕事の仕方をする五十代の人たちは、まだまだ自分のためだけに仕事をしている。自分が深刻な責任を問われないために、自分が他人から権威として見られたいがために、それを目的にその場をしのごうとする。それが周りに伝わるから「痛い人」に見えるのだ。

走り、跳び、メタモルフォーゼを経た者だけが、五十代の十年間を充実させられるのだ。

二　具体的に理想を追うか、模糊として理想を追うか

選ばれた者だけが五十代を充実させられる。

五十代にとって最も重要な仕事が〈空気づくり〉と〈コンセンサス形成〉だと僕が言うのは、単に自己犠牲的に自らを殺して周りに貢献せよと言っているのではない。あくまで自分の理想は追うべきなのだ。しかし、五十代の理想の追い方には自然と周りの人たちの幸せが視野に入ってくるものなのではないか、僕はそう主張しているわけだ。ここでは「自然と」というのが肝心である。自分を犠牲にして周りの幸せを追求しようとか、四十代までの土台のない者が他人本位の生き方をしようとしてもうまくいかない。そうした地に足のつかない思いはどこか浮遊し、上滑りするだけである。周りの人たちから見ても、かえって軽く見える。

僕は四十代に〈メタモルフォーゼ〉という言葉を使った。〈変態する〉ためには、或いは〈転生する〉ためには、それ以前が確固としたものでなければならない。二十代、三十代で自らの理想を追い、具体的に仕事をし、圧倒的に思考してきた者にしか、実は〈メタモルフォーゼ〉は起きないのだ。若い時分に自らの理想が唯一正しい道だと本気で理想を追った者だけが、成熟とともにその本気の理想が他人にもあり得ることを実感することができる。他人の理想を本気で尊重しようと思うことができる。他人の具体を伴う本気の理想と模糊とした本気でない理想とを見分けることができるようになる。それがなければ、四十代は責任の重さや他人のフォローにあたふたするだけで過ぎてしまう。あたふたの末に「自分のワガママを通そうとするだけではだめなのね」と理解したというレベルのことを、僕は〈メタモルフォーゼ〉と呼んでいるのではない。自分の内部に〈メタモルフォーゼ〉が起こってしまった四十代は、「他人のことを考えよう」と意識的にするのではなく、意識しなくても「他人のことを考えざるをえなくなる」のである。その境地に立った者にしか僕は〈メタモルフォーゼ〉の語を用いない。

実は僕は人の上に立ったとき、要するに学年主任なんかをやって若い人たちを育てなければならない立場に立たされたとき、若者への対し方を三つ用意している。第一に徹底して厳しく当たる場合、第二に「そのままでいいんだよ」と優しく接する場合、第三に自由にやらせて放っておく場合の三つである。第一の若者には嫌われ、第二の若者には好かれたり頼りにされたりされ、第三の若者には「この人は何を考えているのか」と怖れられることになる。

しかし、この三者の場合、僕が最も買ってるのは他を圧倒して第三の若者である。第三の若者に対しては変に僕の影響力など与えずに自分の道を進んで行って欲しい、僕なんかが意図的に関わらなくてもその若者は自分の世界観で勝手にさまざまなことを学び、道を切り開いていくに違いない、そういう確信を抱くタイプの若者なのだ。この手の若者には立場さえ与えれば、必ず時が来て自動的に〈メタモルフォーゼ〉が起こるのだ。いや、それどころかそうした若者の発想や動き方を観察しながら、僕自身がその若者から学んでいる場合さえ少なくない。

次に買うのは第一の若者、つまり僕が厳しく当たるタイプの若者たちである。二十代には基本的にこの対し方をするし、能力が高いのにまだ花開いていないというタイプの若者にこの対し方をする。要するに鍛えればモノになる、僕がそう期待する若者たちである。そして、実は僕がほとんどその能力を買わず、正直に言えば「将来の見込みがない」と感じている三十代の人たちにこそ、僕は優しく接するのだ。それが第二の若者たちなのである。彼ら彼女らにとって大切なのは、教職を「悪いものじゃない」と感じてもらうことだ。「人は信頼できる」「上司とは悪い人ばかりじゃない」という経験をしてもらうことなのだ。それが今後の教師生活の重要な糧となっていく。優しく接するのは、そう判断された場合なのである。

そして、こうした若者たちもいつか四十代になり五十代になっていく。僕が「五十代を充実させられる」のが「選ばれた者」だけだと言うのは、実はこうした意味なのだ。

三　年下の人たちにどれだけ選んでもらえるか

選ばれた者だけが五十代を充実させられる。

では、五十代を充実させられる者たちは、いったいだれによって選ばれるのだろう。

よく、自分の信じた道を自分で選んで進んでいけば良いと言われる。もちろん、これは間違っていない。自分の信じた道を進まなければ、僕の言う「走る二十代」「跳ぶ三十代」を過ごすことはできない。しかし、その信じた道を進む自分を選んでくれるのは、間違いなく他人である。他人こそが信じた道を進む自分を選んでくれるのだ。そして、ここが大事なのだが、若いうち、つまり四十代までは、自分を選んでくれる人はみんな年上の人たちであるということだ。二十代の自分に期待して導いてくれるのも、三十代の自分に将来性ありと見込んで大きな仕事をくれるのも、四十代の自分に管理職になれと声をかけてくれるのも、みんな年上の人たちなのである。

しかし、五十代になると周りから年上の人たちがいなくなる。そう。最終的に五十代の自分に教えを請おうと選んでくれる人、五十代の自分を頼りにしようと選んでくれる人、そういう人たちはみんな年下の人たちなのである。教員人生は（ほんとは教員に限らないが）、実は最終的に年下の人たちに選ばれるか否かが着地点なのである。権力を持つ年上の人たちばかりに媚びを売って力量形成を怠った者たちが、その教員人生の晩年で辛い思いをしたり寂しい思いをしたりするのは、人生にこの構造があるからなのだ。自分が校長として腕を振るわなくてはならないとき、長く自分の後ろ盾となってくれた先輩校長は既に現役ではない。後ろ盾の力を頼る生き方をしてきた者は、自分が最終判断を強いられたとき、後ろ盾がないことに右往左往することになる。自分の自信というものが、それまで自分を取り立ててくれた先輩たちの後ろ盾によって支えられていたことに気づくことになる。自分に最終判断をする力量がないことに気づかされる。自分に最終判断を任される自信がないことに気づかされる。そんな校長のなんと多いことだろう。

自分のことを言って恐縮だが、僕に処女作を書かせてくれた編集者は、僕よりも三十五も年上の方だった。四十九歳になったいま、僕の本を出してくれる編集者はみんな僕より年下である。なかには僕より二十も年下の方もいる。そういう若い方と打ち合わせしながら、こういうことなんじゃないか、ああいうことなんじゃないかと、少しでもより良いものにしようと協働しているわけだ。しかも、若い人の感覚に従ってつくった本は、不思議とよく売れる。自分の感覚がもう既に賞味期限が過ぎていて、マーケティング的には役に立たないことを日々実感させられている。

僕は思うのだ。実は年齢を重ねて、若い人たちに自分の言葉がストレートに届かなくなってきたとき、それを補完してくれる、或いはそれを翻訳してくれる若い人たちこそが必要になるのではないか、と。そのために、年齢を重ねたときにこそ、自分よりも若い人たちに「選ばれる」ことが必要になり大切になるのではないか、と。四十代にはそのための準備期間という意味合いがあって、だからこそ周りの人たちを大切にしたり、周りの人たちとより良い協働の仕方を考えたりといった期間が大切になるのではないか、と。四十代の〈メタモルフォーゼ〉にはそうした意味合いがあったのではないか、と。四十代に〈メタモルフォーゼ〉を経験しなかった者たちは、遂に五十代の充実を迎えることができないのではないか、と。人生とはそういうふうに構造化されているものなのではないか、と。そんなふうに感じるのだ。

冒頭に述べたように、僕はまだぎりぎり四十代である。その自分が五十代の力量形成について語ることが不遜であることは重々承知している。その不遜を自覚のうえで語っている。でも、おそらく、この僕の確信は当を得ているだろうと思う。現役世代の晩年はどれだけ年下の人たちに選ばれるかで決まる。この本だって、多賀さんが僕を選んだと同時に、僕が多賀さんを選んだからこそ成り立っているのである。僕が言うことではないが、多賀さんは間違いなく、僕と出会ったことをほんとうに良かったと感じてくれているはずだ。要するに、五十代とは、こういう年下の人とどれだけ出会えるか、そしてその関係をどれだけ機能させられるか、それが五十代の充実を決めるのだろうと思うのだ。そして僕も、そんな十年を近々迎えることになるわけだ。

（堀　裕嗣）

第六章　読書による力量形成

読書が幅を生む

一　読書の目的

子どもたちにブックトークの授業をするとき、いつも僕は「読書は大切だと言われますね。では、どうして読書が大切なのでしょうか?」とたずねる。その答えは、「①本を読むと賢くなるから。②本は楽しいから。」ということである。

僕の読書に目的があるとすれば、それは大きく二種類に分かれる。

一つは、何かを得るための読書。

もう一つは、ただ楽しむだけの読書。

前者は、例えばアクティブ・ラーニングについての根本的な知識を得たいと思って『アクティブ・ラーニングと教授学習パラダイムの転換』(溝上慎一著、東信堂)を購入して読むというようなもの。教師教育を出口の視点から考えるための資料として『教師教育実践の検証と構造』(日本教師教育学会編、学事出版)等を読んでいくというようなもの。

実利的な読書と言った方がいいかも知れない。

当然、その中のいろいろな箇所に—線が引かれ、マーカーでチェックされ、付箋がはられたりもする。

それに対して後者は、全くの趣味である。

先日、風邪気味だから早く寝ようと思って布団に入った。そのときにふと出来心で宮部みゆきの『ソロモンの偽証』を読み始めてしまった。この本は全六巻。四日間で読み切ったが、体調悪いのに寝不足続きになってしまった。趣味の読書には計画性はなく、読みだしたらとまらなくなる。平日に読み始めると、一週間のスケジュールが狂ってしまう。

これは、毎日パチンコに行きたいギャンブル好き、土日を全てゴルフ場と日々の練習場通いの欠かせないゴルフ狂、釣竿をいろいろ取り混ぜて百本近く持っている釣りキチ等と、何も変わらない。趣味の読書は何かを得ようと思ってするものではない。しかし、本から得るものは、実利的な読書よりもはるかに大きいというのが、僕の考え方である。なぜなら、趣味の読書での出会いのインパクトは予想できないからこそ大きいし、心に残ってしまうからである。

堀さんは僕の文章を「耽美的」と呼ぶが、それは僕が堀さんよりも耽美的な文学に傾倒したからかも知れない。それに、堀さんのよく読んでいる文芸批評的なものはあまり読まないことも関係あるだろう。

読書というものは、読み手の体内で化学変化を起こし、その人の血肉になっていくのだということだろう。

二　楽しいから得られるもの

僕は最近、警察小説をたくさん読む。麻見和史の『警視庁捜査一課十一係』シリーズ。堂場瞬一の『刑事の挑戦・一之瀬拓真』シリーズ。安東能明の『生活安全特捜隊』シリーズ。今野敏の『隠蔽捜査』シリーズなど、連作を読んでしまう。

警察という組織は、学校組織とよく似ている。基本的に隠蔽体質ということもそうであるが、男目線の組織であるということだ。

そういう中で主人公の多くは「上からの圧力」に屈することなく、正義と信念を背に戦おうとする。多くの場合、ほとんど出世しない。出世したいとも思っていない。そういうところが学校とダブルのだ。

何かを学ぶために読んでいるわけではないが、警察小説は僕に学びをたくさんもたらしてくれる。まず、今の社会というものを、裏側から見るということができる。警察小説は社会の闇を暴く。そして、登場してくる人物たちは、普通に学校に通ってまともな人生を歩んできた教師には、想像もつかないような「社会」を描いている。しかも、加害者の視点から描くこともある。教育書では絶対にあり得ないことだ。これは警察小説だけではないことではあるが、警察小説は犯罪を扱うから、人間の本質的な負の部分を読み手に突きつけてくるのだ。

昔から推理小説をたくさん読んできた。古典的なものはほとんど読んできたと言っていいだろう。

エラリイ・クイーンやアガサ・クリスティはもちろんのこと、クロフツ、松本清張、横溝正史、都築道夫、森裕嗣……有名作家のみならず、とりあえず読み漁った感がある。推理小説は推理を働かせるので、論理的な思考を強いられる。頭の体操としては十分である。

三　教師の読書

本書は力量形成がテーマである。その意味で教師の読書について考えたい。

はっきり言うが、力量形成というものを本気で考えるならば、もうネタ本やハウツー本は卒業するべきだろう。四十歳、五十歳にもなってそんな本に頼っている教師に、教師としての力量があると言えるだろうか。ネタ本やハウツー本を根本的に否定しているのではない。僕は中村健一さんのネタ本を十冊購入して、学校の若手に配ったことさえあるのだから、なんの武器も持たない若手にとっては、必要なものでもあると考えている。自分でも書いているし。（『教室で家庭でめっちゃ楽しく学べる国語のネタ６３』黎明書房）

また、「こうすればうまくいく……」「必ず成功する……」というようなタイトルの本を読む中堅教師は、教育の本筋を進んでいけるのだろうか。教育に「絶対」や「必ず」等ということは決してない。時代と共に常に課題が変化していくところもある。これまで幾多の教育者が模索して到達し得なかったもの、それが教育である。優れた先人たちは、みな、晩年を迎えてからも自分の歩んできた道が間違っていたのではないかという疑問を抱いていた。教師には安易な道などないという前提において、教育という道を歩んでいるのだ。安直なタイトルの本にのせられているようでは、子どもたちの前に立つ責任者として、真に頼りない。

僕は明治図書の『教育科学国語教育』を三十年以上に渡って定期購読してきた。はじめの頃は圧倒される思いだった。すさまじい迫力で国語教育者たちが熱弁をふるい、最初はほとんどついていけなかった。少しでもついていこうとして、隅々まで読み込んだ。いろいろなページにマーキングしてあるのが、僕の学んだ足跡である。そして、そこに書かれた参考文献を買って、読み漁った。

しかし、法則化中心の誌面になって読みやすくなった反面、ほとんどの文体が同じようなものになり、情報量も半減して、つまらない本になっていった。勉強したおかげで、新しい外来語（「アクティブ・ラーニング」や「リフレクション」、「シェア」など）以外の内容は僕の知っていることの焼き直しで興味がなくなっていった。最近、同書は少し改善されてきたので、再び読み出してはいるけれど……。

何が言いたいのかというと、一読して全部が分かってしまうような書物からは得られるものがないということだ。読んだらいろいろなところに引っ掛かって、そこから次の思考が生まれるものが学びの読書になるということである。

幅も大切だ。教育書からしか得られないような読書は、所詮、自分の殻を破ったり、新しい概念を構築したりすることには至らない。

以下に、三種類の本に対する僕の読書を示そう。真似してほしいとも思わないが、いろいろな本を読むことが、教育や自分のアイデンティティにどうつながっていくのかを知るには良いだろうと考える。

『一瞬で「本音」を聞き出す技術』（井上公造著、ダイヤモンド社、二〇一四年）

芸能リポーター井上公造さんのインタビューやさまざまな聞き取りの工夫について書かれたものである。「芸能レポーターなんて……」という方も多いだろう。しかし、この本を読めば、なんと多くの教師にとってのヒントがあるのだろうかと驚いてしまう。おもしろくて、ドッグイヤーだらけになっている。ネタばらしになってしまうけれども、「聞くこと」に関しての講演の多い僕には、ある意味、使える本なのである。一部だけ言葉を引用させていただく。

「具体性のない褒め言葉はお世辞だ。

具体性のある褒め言葉は本音である」

ここでは、「よかったね」「おもしろかったよ」等という言葉がいかに人の心を打たないか、心をゆさぶらない言葉であるかを語っている。

「相手が味方だと思ったときに、

思いは吐き出される」

この言葉は、まさしく子どもとの関係づくりの大切さにつながる。

『プレゼンテーション　ｚｅｎ』（ガー・レイノルズ著、熊谷小百合訳、ピアソン、二〇〇四年）

赤坂真二君に、あのプレゼンテーションはどうやって作っているのかと聞いたら、「内緒ですよ」と教えてくれたのがこの本である。僕は具体的な手法について書かれているものだと思っていたら、考え方を具体例で示して教えてくれる本だった。だから、ここで取り上げても赤坂君にとって、「ネタバラシしたらダメじゃないですか」ということにはならないだろう。

意外性、物語性、信頼性など、プレゼンテーションのみならず、人に何かを伝えるときの基本を改めて示してくれた。

『教師教育学』（コルトハーヘン編著、武田信子監訳、学文社、二〇一〇年）

いっとき、若手もベテランもこぞって読もうとしていた本をあえて取り上げる。この本を教師教育になんの関係もない若手教師が読んで、いったい何を考えるのかと疑問であった。誰がどんな本を読もうと勝手なんだけれども、また、幅の広い読書を勧めている立場としては文句つける筋合いじゃないんだけれど、やはりこの本は教師教育に課題を持つか、責任を持つ人間の読む本なのだと思った。はっきりいって、とても読みにくい本である。数ヵ月かかった、読むのに。

元々が日本の教育の話ではないという原点を持って読まないと、昔から日本が繰り返してきた愚行（外国の教育を丸ごと素晴らしいものだとして取り入れたこと）に再び陥りかねない。現状を知る人間だからこその読みの視点があるということだ。

四　読み深めるということ

難しいと思われる本を読み込まないと、賢くはなれない。難しい本というのは、筆者の文章が下手で読みにくいという本のことではない。

まずは、読み手の語彙力の問題だ。語彙力がないと、読み切ることができないのだ。その語彙力はやはり、さまざまな本を読み込むことからしか得られない。

次に、思索の問題だ。浅い読み方しかできない人間には、その本の主張する本質的なところへは到達していかない。深い読みができるためには、真摯になることだ。真摯な姿勢のない教師には、他者の優れた言葉が入っていかない。自分のつたない知識や認識からしか物事を判断できないのだ。

そして、課題の問題だ。自分自身に課題のない教師には、本を深く読んでいくことができない。というか、本を通しての自分との対話が十分にできないのである。

自分の課題があり、そこから本を通して自分の考えの善し悪し、過不足などを考える。これが読み深めるということだ。その本の知識を読み取ることだけではなくて、自分自身を読み深めるということだ。

（多賀一郎）

世界に向かって開かれていたい

一　読書の妙

本を深く読むということは、どういうことか。読むことを通じて、あるいは読むことにおいて、世界への〈問い〉が開かれ、思考が触発される、ということである。本は情報を得るために読むわけではない。そういう目的で読む本もあるかもしれないが、少なくとも、読書の中心的な悦びはそこにはない。／よい本は、解答ではなく、〈問い〉を与えてくれる。〈問い〉は、不意の来訪者のようなもので、最初はこちらをびっくりさせる。だが、その来訪者と対話することは、つまり、〈問い〉が促すままに思考することは、やがて、この上ない愉悦につながる。自分の世界が広がるのを実感するからである。(『〈問い〉の読書術』大澤真幸・朝日新書・二〇一四年九月・三頁)

これほど端的に読書の妙を言い得た言葉を僕は他に知らない。しかし、と同時に、大澤真幸の言うこの読書の妙を実感し体感する者が教師のなかに（おそらく教師以外の人々のなかにも）極少数しかいないであろうことをもよく理解しているつもりだ。

僕は長く文学作品を読んできた。文学作品を読むということは、その作品世界と自分の内的世界との格闘を意味する。その読書には何気ない助詞や助動詞の用い方から、読点の打ち方に至るまで一言一句蔑ろにしない思考を伴う。それは自らの思考の限界、発想の限界、世界観の限界と格闘する作業だ。その作業を経た末にやっと自分のなかにその作品の世界観の像が結ばれる。自分の限界と格闘しながらやっとの思いで結ばれた世界像は僕に何ものにも代えがたい満足感を与えてくれる。それはその作品を読み切った、見切ったという満足感であり、その作品を読み切り見切ることのできた自分に対する言葉にし得ない誇らしさである。

しかし、文学作品には批評家による批評が提出されているのが常である。文学的に価値のある作品ほどその数は多い。そして僕はそれを読むことになる。すると、例えば平野謙が、本多秋五が、荒正人が、佐々木基一が、埴谷雄高が、山室静が、小田切秀雄が、自分には及びもしない圧倒的な知識と圧倒的な体験と圧倒的な批評力によって僕の結んだ世界像を凌駕し、僕の結んだ世界像をいとも簡単に瓦解させるのである。そして僕はその思考を、その発想を、その世界観を学び、まね、自分の武器としようと次の作品と格闘し始める。しかし、武器はなかなか使えない。読んだ批評を読み返し、その発想で読もうとするのだが、同じ時代を生きたわけではない僕にはどうしても分からないこと、実感し得ないことがある。その限界性を自分なりに言葉にしてみる。すると自分の読書の傾向が、思考の傾向が、発想の傾向が、世界観形成の傾向が見えてくる。よし！　これだな……と思ってもう一度取り組むけれど、やはり僕の世界像は批評家たちによって瓦解させられざるを得ないのだ。僕はそんなふうに、例えば野間宏と、例えば梅崎春生と、例えば大岡昇平と、例えば武田泰淳と、例えば坂口安吾と格闘してきた。そんな文学作品を介した自分との格闘を悦びとして感じられたが故に、僕はこの作業を数十年続けてきたのだろうと思う。そしてこの経験はある種の思考訓練として僕のなかで機能したのだろうとも思う。

大澤真幸は「よい本は、解答ではなく、〈問い〉を与えてくれる」と言う。その〈問い〉を「不意の来訪者」と形容する。そうだ。〈問い〉とは「与えられるもの」であり「来訪者」なのである。決して自らのなかに自然と湧き上がってくるものでもないし、決して自ら意識的に創り出せるものでもない。他者の主張が、他者の感受性が、ディテールで用いられた他者の何気ない言葉遣いが触媒となり、自分に突如与えられ、不意に訪れるものなのだ。しかもその突然の来訪者は、僕の深いところに留まり、留まり続け、僕を捕らえて数ヶ月から数年間にかけて、時には一生涯離れないものなのだ。その境地こそが読書の機能であり、読書の妙なのである。

二　人生を貫く〈問い〉

一例を挙げよう。文学作品を読んでいてどうしても自分の限界として感じられてしまうのは、その作品世界の時代性を実感として感受できないことだ。

例えば、僕は漱石の『夢十夜』が、特に「第六夜」が好きなのだが、テクストを繙《ひもと》けばこれが漱石特有の文明批評であることは理解される。しかし、仁王を彫る運慶の描写を細かく検討しようとすると、途端に膨大な資料に当たらねばならなくなる。資料に当たって調べれば調べるほど、漱石が寄って立った知識はこの程度ではないはずだとの思いが頭をもたげる。更に資料に当たることになる。ところがこの資料に当たる読書がおもしろくない。それがいわば「ための読書」になってしまうからだ。大澤真幸の言う「読書の中心的な悦び」ではない「情報読書」とでも言うべきものに陥らざるを得ないわけだ。

例えば、僕は『おくのほそ道』の平泉の段が大好きである。「夏草や兵どもが夢の跡」「五月雨の降り残してや光堂」のあの段である。テクストを繙けばこれが芭蕉特有の無常観の描写であることは理解される。しかし、清衡・基衡・秀衡の藤原三代の栄華が、芭蕉の生きた時代に民衆にとってどの程度の知識基盤として親しまれていたのか、芭蕉自身は藤原三代や義経にどの程度の思い入れを抱いていたのかということになると、これまた膨大な資料に当たることを余儀なくされる。やはり「情報読書」にならざるを得ない。しかも、なにせ自分と芭蕉との時代差が三百年、芭蕉と藤原三代との時代差が五百年である。いくら資料に当たったところで、この時代差が生む感受を埋めるには限界があると言わざるを得ない。

しかし、例えばこうした作品を読んでいると、「時間は何をどう風化させるのか。なぜ風化させるのか。風化するものと風化しないものとの違いはなにか」といった〈問い〉が、不意の来訪者のように僕に与えられるのである。この〈問い〉は九〇年頃に生成して以来、いまだに僕を捕らえて放さない〈問い〉である。その後、文学作品を読むときも、教育問題を考えるときも、教育現場でトラブル事案に当たるときにも、僕は常にこの〈問い〉のなかにいる。僕がその〈問い〉を持っているというよりも、僕自身がこの〈問い〉に包み込まれているという趣なのだ。

例えば、僕は、それ以来、時代に大きな出来事が起きたときには、すべてを投げ出して出来事に集中するようになってしまった。もう時効だから書いてしまうけれど、いわゆる九・一一が起きた日から僕は家でテレビの前に齧りついて何日も離れなかった。毎日二十四時間、テレビの前に座り続けた。あの日は火曜日か水曜日だったように記憶しているが、その日から学校には風邪をひいたと言って欠勤し、その週は一度も学校に行かなかったと記憶している。ここで感受したすべてを記憶に留めなくてはならない、できる限りの情報を得なければならない、そう確信したからだ。堀にとって仕事とはその程度のものなのか、そんな声も聞こえてきそうである。その通りだ。僕はむしろ、政府がこの国民のだれもが深く記憶に刻まなければならない出来事を前にして、学校や仕事を休みにしない方がおかしいとさえ感じたほどである。

三・一一も同様である。あの日は金曜日だったが、僕は週末はもちろん、次の週もテレビに釘付けになった。十五日の卒業式こそ出席したけれど、一週間程度、その他はすべて年休を取ったはずである。三・一一については、「それならボランティアとして東北に行けば良かったではないか」という感じる方がおられると思う。しかし、それではだめなのである。それでは近くなり過ぎるのだ。歴史的な大きな出来事というものは、当事者になることによって、或いは当事者に近くなることによって見えなくなってしまうものが多いのだ。近づくことだけがこの〈問い〉を解明することに資するとは言えないところに、人間の思考の難しさがある。

先般、加藤典洋が『戦後入門』（ちくま新書・二〇一五年一〇月）を刊行した。新書的な読みやすさは担保しながらも、全体で六三五頁、一四〇〇円という、新書とは思えない大著である。加藤は団塊の世代、一九四八年生まれ、要するに戦後世代である。しかし、この書は明治維新から安倍政権までが視野に入っており、その複眼的にして通史的な論述には舌を巻く思いがした。いったいどれだけの書籍に当たりどれだけの資料に当たったのかと、通読して目を見張るばかりであった。自分の知らない時代、目の当たりにし得なかった時代に対してもこれだけの分析ができるのかと、僕は自身の浅はかさを内省せざるを得なかった。自分の直接経験しない時代について読むことは、僕にとっては「情報読書」であったけれども、加藤にとっては決してそうではなかったのである。実は加藤典洋という批評家は、四半世紀前、僕が学士論文を書く際に最も多く引用した論者の一人である。かつて二十代の僕は、まだ三十代だった加藤典洋の論述に感銘を受けながら自分の論を構築したのだった。その加藤が還暦を超えて、五十に手の届こうとしている僕に再び衝撃を与えてくれている。僕はその加藤典洋の在り方に深い憧憬を抱かざるを得ない。

『戦後入門』は対米従属と憲法九条堅持という我が国独特の戦後日本人の精神的なねじれの本質を解明しようとする試みだが、おそらく加藤はこの書をまとめ、世に問うために生まれてきた批評家であったのだろうとさえ感じるほどだ。僕はこの書を寝食を忘れて一気に読み進めたけれども、これだけの大著を一気に読ませた原動力もまた、僕を包み込む「時間は何をどう風化させるのか。なぜ風化させるのか。風化するものと風化しないものとの違いはなにか」という〈問い〉であったように思う。

読書の喚起する〈問い〉とは、このように人の人生を貫いて機能するのである。

三　世界に開かれた〈問い〉

もしもあなたが読書を通じて力量形成を図りたいと本気で思っているのなら、何より大切なのは「情報読書」をやめることだ。そういう読書があっても良いけれど、少なくとも、力量形成の読書の中心的な営みはそこにはない。

教師の読書はそのほとんどが「情報読書」だ。知識を得るため、ネタを得るため、実践手法を得るため、見方を得るため、考え方を得るため……すべて情報を得ることを目的とした読書である。情報収集の方向、実践研究の方向を一つに絞り込もうとする愚かな人たちも少なくない。筑波系実践研究だけ、法則化関連書籍だけ、野口芳宏だけ、菊池省三だけ、ＰＡ系関連だけ、ファシリテーション関連だけ、そしていま、アクティブ・ラーニング系だけという新しい読書傾向の教師たちが生まれようとしている。〈解答〉を求める読書をしている何よりの証拠だ。さまざまな実践手法に同時に触れることこそが、世界への〈問い〉に開かれた態度に、思考の触発につながるに決まっているのに……。こういう読書傾向を示す教師は、まず間違いなく力量形成に失敗する。もちろん、僕の本だけを読んでも失敗する。自分では力量がついてきていると思うし、その手応えも確かに感じることにはなるのだが、その実、そんな読み方をしても、視野の狭い、教育観・授業観の狭い、いわば「おたく教師」になっていくだけなのだ。そういう教師は、予想外・想定外の出来事に極めて弱くなってしまう。そうした力量が力量として自分に実感されるのはせいぜい三十代までだ。四十代になって責任を負い、他人を動かす仕事に着手した途端に、他人の発想が理解できない、他人の仕事の作法が理解できないと、怒りを覚えたり精神のバランスを失ったりしていくことになる。そしてそれは決して他人が悪いからなのではなく、自分の世界観が狭いからなのである。

もっと言うなら、本気で自分の教師としての力量を高めたいと考えているのなら、実は僕は教育書を読まない方が良いとさえ考えている。教育書ライターの僕が言うのも何なのだが、教師が教育書を読むとどうしても「情報読書」にしかならない。そこには自分の仕事に直結する内容しか書かれていないからだ。しかも、教育書によって与えられる〈問い〉は、多くの場合、世界に開かれた〈問い〉ではなく、学校教育に閉じられた〈問い〉しかもたらさない。しかし、教育現場で新しい発想でダイナミックな実践をしようと思えば、学校教育を外から眺める視座がとても大切なのだ。教育現場以外にある問題意識と同じ質の問題意識が学校現場にもあるのではないか、教育現場以外で問題視されている構造が学校現場にもないか、こうした学校教育を〈相対化する眼差し〉をもったとき、自分が毎日を過ごしている学校現場も、自分が毎日接している子どもたちの姿もまったく別のものに見えてくる。こうした学校教育を〈相対化する眼差し〉を持ってこそ、実は教育書も相対化しながら読めるようになるのである。学校現場に閉じられた世界観で学校現場に閉じられた世界観を読んでも、それはN極とN極のごとく反発し合うか、お互いの傷を舐め合って合致するかにしかならない。

（堀　裕嗣）

第七章　手帳による力量形成

力量形成のノート術が幅を生む

一　手帳術よりもノート術

堀さんは手帳術という概念が強い。実際、彼の手帳はすごいものだ。あの手帳にびっしりと細かい文字で書き込まれている。それが彼の膨大な著作の源泉になっている。

僕の手帳は単なるスケジュール帳だけ。堀さんの手帳に当たるのは、僕の場合ノートである。僕は力量形成のノート術を語ろう。

この原稿は、今、通勤電車の中でペン書きしている。僕はノートをいくつか使い分けていて、そこに書きこんだものを後からパソコンにまとめていくという方法をとっている。例えば、カバンの中には次のようなノートが入っている。今まさしく書き込んでいる「なんでもノート」。これは、ちょっとした原稿を頼まれたとき等に使っている。それから、「講演、セミナー用ノート」。これは、年間百を越える講演講座の日時内容について書いていくもの。さらに、「教師教育ノート」「女性教師論ノート」「教室の『荒れ』ノート」「教室の『あの子』ノート」などを持ち歩いている。

他にも家の机の上には「大学講義用ノート」や「詩の教材研究ノート」「いじめ関連ノート」等が置いている。

こうしたノートたちにさまざまなことを書きこんで生活している。一つのノートに書いているときに、別のノートに書きたいことが生まれたら、そちらを取り出して書く。浮かんだことはしばらくすると忘れてしまうからだ。

こうしたノートを作ってきたことが、僕の力量形成につながっていると思う。

中村健一が僕に

「多賀さんはなんでも記録していて、その資料が膨大なのに驚く。」

と言ったことがある。膨大だとまでは思わないが、たくさんの記録が手元に残っているのは事実で、短期間で僕がたくさんの単著を出せた（単著だけで四年間で十二冊）のは、このノートによることが大きい。

二　スクラップノート

今はもうはやらないことではあるが、僕らの世代はスクラップという手法を行ってきた。家には、スクラップノートが何冊かある。タイトルは、「教育関係の切り抜き」としてある。

主に新聞の切り抜きであるが、昔はこういうアナログの形でしか資料を残しておくことができなかったということだ。今なら関連記事をコピペしてどこかのファイルに保存しておけばいいだろう。今はそうしている。

大切なのは大元の考え方である。情報過多なこの時代で、あてになる資料やデータを選別して残していかねばならない。その取捨選択の基準は、自分の考え、哲学、方向性なのである。なぜその資料を残すのかという考え方と言えば良いだろうか。

例えば三十年前の黄色く変色した切り抜きを見てみると、子どもについてのレポートが多い。先生に歌うなと言われてから、歌が歌えなくなった子どもの話。教師の言葉によって、学校へ行けなくなった子どもの話等々。

当時の僕が子どものきずつくときに関する資料を集めていたことが分かる。ネットなどない時代である。新聞がもっとも大きな最新情報収集アイテムだったのだ。

さらに、言葉に関する記事もいくつかスクラップされている。言葉についてのちょっとした話などをたくさん集めている。これは自分の言葉の幅を広げると共に、子ども達や保護者に話すときに役立ってきた。

今でもときどきセミナーなどで語る「冬眠打破」の話や、「立春」の「立」が「龍」とつながりのある言葉であるという話。よくストーリィ・テリング的に子どもたちに話して聞かせていた「泥棒に耳を齧られたおばあさんの話」など、自分の言葉の文化を支える柱の一つにもなってきたのだということが分かる。

「最近の若者は」というフレーズは使うべきではないが、若者に限らず最近は資料が簡単に手に入るために、手間暇をかけて取り込むことをしなさすぎる。スクラップするためには、紙面からその部分を抽出し、切り出してノートに貼りながらいろんなことを考える。考えたことをメモするときもある。こういうアナログの作業過程がものごとを深く考えたり、幅を広げたりという力量形成につながってきたと自分では感じている。

三　教材研究ノート

今でも僕は、新しく教材研究をするときにノートを一冊用意する。一冊を使い切るなどということはめったにないが、やはり、書写して書き込んで、調べて……という一連の教材分析からしている。そういうノートが家にはいくつかある。

力量形成と関連づけて言うと、三十代前半までのノートは、今、全く使えない。僕の技術や認知力がおそろしく稚拙だったからである。その当時にはベストだと思ってやっていたことが、今の自分から見たらとうてい指導という名に値しないレベルのものだったのである。自分では研究を重ねて自分なりの納得のいく授業を作ることができていたと思い込んでいた。

しかし、その頃と四十代～五十代での自分と比べたら、児童への認識力や授業に関する知識、発問力等は低レベルのものだったのである。

今、三十代で自分がすごい授業をしていると思い込んでいる方は、十年経っても変わらないかも知れない。満足する者に成長などないからである。

しかし、あくまで授業を追究し、努力し続けていると、必ずレベルアップしていくものである。僕のような凡庸な教師が人前で多くを語れるのは、ただ研鑽を積み重ねてきたからだと思っている。

古いノートは使えないと書いたが、そんなノートでも置いておくべきだ。自分の足跡を捨ててしまってはいけない。失敗や未熟さも自分の足跡なのだから、折に触れて振り返ることの意義は大きい。失敗の記録がないということは、成功しか語れないということだ。

四　学習の記録ノート

三十代の僕は、自学ノートというものを作っていた。毎日卓上カレンダーに自分は今日何時間何分読書したかを書いて、週末に「今週は何時間勉強した」とか書いていった。その当時の自学ノートには、そのときに読んだ本の自己流のまとめが書かれている。

一九九〇年の夏の自学ノートから、少しだけ抜粋する。それぞれもっと詳しく書いているのだが、それをここで全て書くのは著作権の問題もあろうから、一部だけ。また、ノートには研修や研究会で学んだことについてもまとめているので、それも少し示したい。

◎　ヘルバルトの「教育的教授」について

教育目的とその基盤となるのは各教科の学習指導であり、そこでの興味の育成が欲求を動かし、意志を形成する。「表象」という概念についてもまとめている。
◎　デューイの「経験の再構成」
デューイの「経験」はヘルバルトの「表象」とほぼ対応する。個人の持つ経験を元にしてその意味を増大させたり、その後を導く能力の増大という再構成をする。
◎　デュルタイの「解釈学」
「三読法」の理論的な基礎となる学問。前理解という概念をもちいて、常に体験を追理解する。
◎　林竹二の実践（理論）
「授業は、子どもたちが自分では決して到達できない高みまで自分の手足を使ってよじ上っていくのを助ける仕事」　授業の出発点は教師である。……子どもが本当に学ぶまでは教師は何も教えていない。
◎　板倉聖宣・庄司和晃「仮説実験授業」
科学的思考の三段階。①気持ち的思考　②比喩的思考　③原理的思考　仮説は予想を裏付ける説明。予想は、当事者にとって完全に明らかでないもの。
◎　宇佐美寛「授業にとって理論とは何か」
①教科内容　②教材（特定の授業を念頭において具体化された「内容」）③授業刺激　によって生じるのが④解釈内容
◎　日本私立小学校研究大会のシンポジウムから

松山市造氏　法則化批判……人のやったことを同じように追試することは、自分が大して教材研究しないこと。それは自己喪失であり、自分と子どもとの関係を見ていないこと。

我ながら、よく読み込んでまとめていると思う。ストイックに勉強していた時期があったということだ。自慢話にとられてもかまわないが、これは事実である。

対立した主張の書も共に学びながら読み込んでいくような学び方をしていた。

残念ながら、今出ている教育書のほとんどは、深く読み込むに値しないものが多すぎる。一読してメモるほどのこともない薄っぺらい本が多いのだ。読み込むというのは、深く思索するということだ。深く考えることのできない教師が増えているから、薄っぺらい教育書が氾濫するのかも知れない。（自分の本はさておいてだが）

この「ノートにまとめること」だけれども、そのノートを公開したり、ＳＮＳ上にアップしたりする方がいらっしゃる。自分で学ぶためのノートであって、自分の学びをひけらかすものではないということを、言っておきたい。

書物を読み込んでノートにまとめるという行為は、自分の考え方を整理することでもある。聞きかじりなどではなく読み深めることによって、骨太な哲学や思考が自己の内部に形成される。それが教師の力量の根幹となっていくのだと考えている。

なお、こうした学びを踏まえて、このノートには自分の授業研究や学級指導の方針についても、当時の僕は次のようにまとめている。

◎　これまで、教材研究があってから、子どもの成長などの調査をしていた。これからは、子どもの調査が教材研究を可能にするという考えでいきたい。

一つの教材で、①子どもの前体験、前理解を確かめる。②パターン化、グループ化をする。この段階で問題点（課題）を自分たちで持たせる。③個に応じた追体験（追究）をさせる。④一斉の中でふくらませ合う。⑤評価　という手順で授業を作っていく。

◎　現行の学級会は、思いつきの会であり、教師の発案で開始するだけで、組織がなっていない。これを子どもの手に渡し、子ども主体で民主的なクラスづくりをどうしていけばよいのか……。

班活動も意志を感じないものになっている。

今から二十五年前のノートである。言葉の使い方が堀さんみたいな感じなのがおかしい。こういうノートを通して、僕は自分の授業や学級、学問的な背景などを作っていった。

（多賀一郎）

自分が心を動かされたことのすべてを忘れたくない

一　みんなのようには忘れたくない

小学校四年生から六年生まで、僕は学級編制なく同じ学級で三年間を過ごした。四年生と五・六年生とで担任だけが交代した。

四年生の担任はM先生。五十近いベテランの男性教師だった。生活規律に厳しい先生で、国語の授業がとてもうまく、分かりやすかった。行事や集会、イベントもたくさんあって、僕らは毎日のように作文を書き、詩を創作した。学級には毎日ドラマがあって、みんな仲がよく、いまで言う「支援を要する子」にもだれもが分け隔てなく接した。僕らは四年二組に満足していた。いま考えても、M先生にはかなりの力量があったのだと思う。間違いなく、生活綴り方系の教師だったとも思う。

ところが、四年生の終わり。M先生は転勤してしまった。新しい担任はJ先生。まだ二十代の理科を専門とする男性教師だった。ベテランの後の二十代、当初、学級は荒れた。詳しくは語らないけれど、それはひどい荒れようだった。なかでも僕は、その荒れをつくった急先鋒だった。とにかく国語好きの僕には国語の授業の浅さが許せなかった。理科の授業で少しくらいおもしろい実験を用意されたくらいでは、国語で深く思考できないことへの不満は解消されなかった。答えのあるものに到達するために、その過程を少しくらいおもしろくされても、僕はそんなものに興味を抱けなかったのだ。

　でも、そんな荒れた学級も秋頃、学習発表会の終わった頃には落ち着いてくる。多くのクラスメイトがJ先生のやり方に馴染み、彼らの会話のなかに「M先生よりJ先生のほうがいいよね」「担任がJ先生になってよかったよね」という声も聞こえ始めた。このとき、僕は知ったのだった。人間というものは「現在《いま》に馴染むものなのだ」「過去を忘れるものなのだ」と。この頃には僕だって既にJ先生が嫌いではなかった。だから、「現在に馴染むこと」自体は良いのだ。ただ、僕はM先生とのあの一年間をみんなのようには忘れたくないと感じていた。「過去を忘れること」だけはしたくないと。以来、僕は日記をつけ始めた。そして、メモ魔になった。

　自分が心を動かされたことのすべてを覚えていたい。自分が心を動かされたことのすべてを忘れたくない。そう感じたのだ。この経験が現在の僕を基礎づけていると思う。僕はいま現在も、自分が心を動かされたことのすべてを書き留めておく生活を続けている。読書で出会った言葉やフレーズ、情報、反発を感じた主張、日常のなかで出会った出来事、生徒や同僚の姿、他人の言葉やフレーズ、僕の受け止め、ふと浮かんだフレーズや問い、それについて時間をかけて考えたいと感じたこと、すべて記録している。

二　読書を忘れず、世界に開かれる

　僕は本を読んでいて気に入ったフレーズ、なるほどと感じた文章、反発を感じた文章、これはいつか自分の文章に引用する可能性があるなと直感的に感じた文章、そして自分が使ったことのない論理展開の文章などに出会うと、一太郎で打ち込むことにしている。例えば、ついさきほども、

第一次世界大戦が、帝国主義国、列強国同士の覇権争いとしてはじまり、戦争終結後、国際社会の成立と国内における市民原則の一定の確立をみることを通じて理念による戦争目的の提示なしに――また戦争一般を違法とする戦争違法観への対処なしに――もはや戦争が行えない素地を作ったとすれば、第二次世界大戦は、そのことに最初からしっかりと対処した国と、これに十分に対処できなかった国の戦いでした。

〈『戦後入門』加藤典洋・ちくま新書・二〇一五年一〇月・一三四頁〉

という一段落を打ち込んだばかりだ。なぜいきなり、この論旨とは何の関係もない具体例を挙げるのかと言うと、読者の皆さんに僕の打ち込む文章一つひとつの大まかな規模を伝えたいからであり、そのままコピペすれば自分の文章に引用できる形態にして打ち込むということを理解して欲しいからであり、内容的には決して教育論ばかりを打ち込むわけではないということを知って欲しいからである。

そして、この文章の打ち込みは、僕の仕事に例えば、次のような効果を上げることになる。

一つは、ここに見られる加藤の第二次世界大戦観が、これまで僕の認識していた第二次世界大戦

観とは異なることが挙げられる。僕はこの文章によって、第二次世界大戦に対する新しい知識を得たとも言えるし、もしも僕が今後、第二次世界大戦に関する文章を書くとしたら、おそらくこの加藤の論理を無視して書くことはないだろうと思われる。そのくらい、この第二次世界大戦観は僕にとって新鮮な驚きだった。

もう一つは、この文章を例えば次のように書き換えてみることから得られる効果だ。

新学力観からゆとり教育へという一連の流れが、系統主義教育観、それに伴う管理教育・偏差値教育への批判としてはじまり、臨教審以来の、個性化教育観の成立と国際社会に対応できる人材の育成という理念の確立を目指してそれまでの学力観——或いは学校教育の目的の転換とともにシステム改革を図ろうとしてそれまで学校教育観——の転換を図ろうという素地を作ったとすれば、学力低下論争は、そのことに最初からしっかりと対処した者と、これに十分に対処できなかった者の論争であったと言える。

こう作り替えてみると、もう三十枚や五十枚の原稿を書くことはいとも簡単なことになってしまう。僕は加藤のこの一文を打ち込んでみることで、第二次世界大戦に対する観を学んでいるのではない。人間社会に新しい理念による枠組みができようとするときに現れるトラブルの普遍的な構造を学んでいるわけだ。前章で本というものは情報を得るために読むものではなく、「世界への〈問い〉が開かれ、思考が触発される」（大澤真幸）ために読むものなのだと繰り返し述べたけれど、それは例えばこういう思考過程のことなのである。僕がメモを取り、記録を取り、毎日毎晩、本から引用して打ち込むのは、僕の頭がこうした作業を通じて毎日活性化するからなのである。

このような生活習慣を身につけて既に二十年近くが経った。僕にはこうした資料が現在、既に五千枚近くある。この作業の効果、方法については拙編著『ＴＨＥ 読書術』（明治図書・二〇一五年七月）に詳しく述べた。詳細はそちらを御参照いただきたい。

三　出来事を忘れず、世界に開かれる

僕の手帳はほぼ日記と化している。もちろん、備忘録としての機能やＴＯ ＤＯリストとしての機能も持っているけれど、最も重要な機能は日々の出来事の記録を残すことなのだ。

その多くは、職場での生徒や同僚とのやりとりだ。授業や会議でのやりとりを通じてのちょっとした気づきである。人は日々の出来事のなかでいろんなことに気づいている。例えば授業中なら、ある子が自分の想定を超えるような意見を言ったこと、別のある子が自分の指導言を大きく勘違いしたこと、ちょっとした注意の仕方一つである子がやる気を見せたこと、などなど。例えば生徒指導場面なら、それまでほとんどコミュニケーションを取れていなかった子が廊下で突然笑顔で話しかけてきたこと、なんでもできる優等生的な子が行事で登壇したときに緊張で固まってしまったこと、清掃当番をさぼった子にどのように注意したかとその理由、などなど。例えば同僚の会話であ

れば、ある同僚の生徒指導への基本的な考え方、ある同僚の進路指導への考え方、ある若手教師が自分の事務的なミスにどう対処しどう誤魔化そうとしたか、などなど。例えば職員会議であれば、意見が二分し時間をかけて議論されたことは何だったか、その決定事項はその後決まったとおりに運営されたか、管理職や教務主任はそれにどう対応しようとしたか、どの教師がどういう案件に反対意見を言うか、そしてそこに見える構造的な問題はないか、などなど。

人は日々の営みにこういう気づきがあったとしても、次の日には忘れてしまう。いや、多くの場合にはその日の夜には忘れてしまう。覚えているのはどうにも腹が立って仕方なかったということくらいだ。しかもそれさえも数日が経てばその腹立ちもおさまり、次の週には何事もなかったかのように忘れてしまう。でも、僕はそうならないように記録するわけだ。

しかも、僕はちょっとした隙間時間にはいつもこの手帳を開いて、これらの記録を眺めるのを常としている。授業中、子どもたちに五分間で視写をさせている時間、ひと仕事を終えて空き時間が終わろうとしている数分間、勤務時間終了までの残り十分間、本を開くほどではないけれど無駄にはしたくない時間、そんな時間はいつも手帳を眺め、自分が感じた感受性を反復し、咀嚼し、消化しているわけである。すると、二か月前のある出来事と数週間前のある出来事と今日の出来事という三つの出来事が同じ構造で起こっていることに気づく。ある子の四月の物言いと六月の物言いと九月の物言いと十一月の物言いが同じ方向性で変化してきていることに気づくこともある。日常的に手帳を眺めることは、こうしたメタ的な気づきを促す。

手帳を日々の記録として機能させるのは、こうした重層的な気づきが、自分をどれだけ成長させるかということを僕がよく知っているからだ。この作業の効果、方法については拙編著『ＴＨＥ手帳術』（明治図書・二〇一五年一月）に詳しく述べた。詳細はそちらを御参照いただきたい。

四　問いを忘れず、世界に開かれる

これまでどこにも書いたことがないのだが、実は僕には手帳の他に常に携帯しているノートが二冊ある。なんの変哲もないＢ５判のノート二冊である。何年間も使うものなので、少し値の張る二冊収納用のノートカバーはかけているけれど……。

このノートは一冊が「言葉集めノート」、もう一冊が「問い集めノート」だ。

「言葉集めノート」は、本を読んでいていつか使おうと考えた言葉をメモしておいたり、日々の出来事のなかでなにか自分なりのフレーズを思いついたときにいつか使おうとそのフレーズをメモしておいたり、そんな言葉たちを日付と出典とともに書いておくノートである。そうした言葉たちは諺であることもあるし、著者特有の物言いであることもあるし、本を読んでいて自分で思いついたフレーズであることもあるし、同僚に反論したかったけれど飲み込んだフレーズであることもあるし、哲学者の言葉を自分なりに現代風に言い換えた言葉であることもあるし……そんな言葉たちである。

こうした言葉はノートにただ羅列するのではなく、一つ言葉を書いたその下に十行ほどの空きスペースをつくっておいて、いつでもその言葉をアレンジして書き換えたり、同じ内容の別のフレーズを見つけた時にメモしたりできるようにしてある。ノート一頁あたり、三つから四つの言葉やフレーズが書き込まれていて、自分なりに発展性も保障してあるという使い方である。

「問い集めノート」は、いつか時間をかけて解決したいと思うような〈問い〉に出会ったり、そうした〈問い〉が自分のなかに湧き上がってきたりしたときに、それを忘れないように記録しておくノートである。これも記録した当初は一頁あたり三つか四つくらいの割合で、スペースを空けて記録しておくのだが、言葉やフレーズと違って、〈問い〉は割と早く発展していくので、そのスペースが埋まってしまったら、見開き二頁でその〈問い〉を追究していけるような頁を新たにつくることにしている。

また、その見開き二頁も埋まってしまったときには、それは人生を賭けて追究すべき〈問い〉であり、もしかしたらいつか著作として発表することになるかもしれない〈問い〉でもあると考えて、本の引用を収集しているフォルダにその〈問い〉のフォルダをつくることにしている。常に意識し続ける〈問い〉として、その〈問い〉の解決にヒントとなるような叙述や出来事に出会ったときには、その〈問い〉のフォルダにも引用文を入れて置くというシステムをつくるわけだ。

これだけの準備をして〈問い〉を忘れないでいると、自分から働きかけようとしなくても、世界のほうからその〈問い〉に関するものが目に飛び込んでくるようになる。僕という人間が〈世界に開かれている〉証拠なのだと自画自賛している（笑）。

（堀　裕嗣）

あとがき

かつて「教育技術の法則化運動」という、おそらくは民間教育史上最も大規模な教育運動がありました。向山洋一と明治図書とが連携してつくった教育運動です。この運動は僕が教師になる五年ほど前に始まりました。僕が教職に就いたとき、僕の周りにも少なからず「法則化運動」に与する教師たちがいました。歴史的に教育界に現れた教育技術をすべての教師の共有財産にしようという運動であり、理念的には素晴らしい運動でした。ただ、教育界には「教育は技術ではない」と「法則化運動」に批判的な人たち、嫌悪感を抱く人たちもたくさんいて、当時の明治図書の雑誌はさまざまな形で論争が展開されていました。僕は最後まで「法則化運動」に与することはありませんでしたが、その運動理念には親近感を抱いていました。向山洋一や「法則化運動」に嫌悪感を抱く人たちの言葉は、ただ口汚かったり、情緒的に過ぎて説得力がなかったり、旧来の自分の運動体を守るための論理に終始していたり、少なくとも僕にはなんの説得力も持ち得ないものばかりでした。

しかし、「法則化運動」もまた、九〇年代の半ばに至って運動体としての締め付けを始めます。他の運動体と二足のわらじを履く者に踏み絵を強要したり、運動草創期の貢献者を排除したり、当時のマル道（現在の「道徳のチカラ」）を排斥したり、機関誌『教室ツーウェイ』誌上その他で、それはすさまじい締め付けをおこなったものです。ただし、教育技術を明確にすること、それを法則化論文として発表し、教師を発信・受信の力量形成主体として機能させようとしたことは、現在の教育界につながる「法則化運動」の偉大な功績だと言えます。

一方、「法則化運動」から五年ほど遅れて、「授業づくりネットワーク」という運動が立ち上がりました。教科研の授業づくり部会と学事出版とが連携してつくった教育運動です。「授業づくりネットワーク」はその名の通り、いわゆる「運動」というよりはネットワークを結ぼうとするタイプのゆるやかな運動体でした。簡単に言えば、世の中にいる「教育おたく」たちがただ出会い、互いに互いをただおもしろがる、そんな場を設定する。締め付けは一切おこなわず、基本的には出会わせただけで、あとは放っておく。当時「ネットワーク」の代表であった藤岡信勝が、「新しい歴史教科書をつくる会」を立ち上げると、「自分がいては色がつくから」と自ら代表を辞す、そんな運動体でもありました。藤岡信勝としては「つくる会」の運動に「ネットワーク」を利用することだってできたはずです。しかし、彼はそれを潔しとしませんでした。その後、「授業づくりネットワーク」は、当時の勢いはないとは言え、いまなおゆる〜くその動きが継続しています。

それから四半世紀が経ちました。結局、「教育技術の法則化運動」はその内部からついに向山洋一を超える実践家を輩出しませんでした。それに比して、「授業づくりネットワーク」はあのゆる〜い発想で出会いの場に徹したことで、そこでいろんな領域の「教育おたく」たちが出会い、みんな勝手に成長していきました。そこからは藤川大祐が出ました。石川晋が出ました。池田修や阿部隆幸が出ました。赤坂真二が出て、土作彰が出て、菊池省三が出ました。僕や野中信行や中村健一や青山新吾も、広い意味では「授業づくりネットワーク」が生んだと言って良いでしょう。もう数え上げたらキリがない状態になっています。そして、少し大袈裟に言えば、いま書店の教育書コーナーで「授業づくりネットワーク」に関わったことのない人を探すほうが難しくなっています。少なくとも問題意識の高い優秀な教師の力量形成の在り方としては、「法則化運動」と「授業づくりネットワーク」のどちらの形態が良かったのかは歴史が証明したのです。

僕がなぜ、わざわざこんなことを言い出すのかが分かるでしょうか。締め付けというのは、実はそこに集う人たちの発想を縮めるのです。それぞれの動きを活性化させるのではなく、それぞれの動きを狭い世界観のなかに閉じ込めてしまうのです。

最近になって、再び、運動やサークルの長が締め付けをおこなっているとの話をよく聞きます。自分以外を講師とするセミナーに出るなと命じるとか、ＳＮＳのグループをつくって囲い込むとか、若い実践者が多くの著作を出しているのに嫉妬して批判するとか……。でも、そういう人たちはまず間違いなく、自分のために若者を利用している人たちです。いいですか？　力量形成を図る主体は若者その本人なのです。力量形成の主体者が自ら意志決定できなくて、力量形成などあり得るでしょうか。読者の皆さんには、「オレのいうことを聞け」「学びを一つに絞れ」などという言葉に縛られることなく、自由に、伸び伸びと、自らの力量を高めて欲しいと切に願っています。

DEAR／沢田研二／一九七九を聴きながら……

二〇一六年二月二八日　自宅書斎にて　堀　裕嗣

著者紹介

多賀一郎

追手門学院小学校講師。神戸大学附属小学校を経て私学に永年在籍。元日本私立小学校連合会国語部全国委員長。親塾での保護者教育，若手のためのセミナー他，公立私立の小学校で指導助言をしている。著書『全員を聞く子どもにする教室の作り方』『一冊の本が学級を変える』『今どきの一年生まるごと引き受けます』（以上，黎明書房）『これであなたもマイスター！　国語発問づくり10のルール』『学級担任のための「伝わる」話し方』『ヒドゥンカリキュラム入門』（以上，明治図書）『学校と一緒に安心して子どもを育てる本』（小学館）その他，著書多数。

堀　裕嗣

1966年北海道生。1991年札幌市中学校教員として採用。1991年，「実践研究水輪」入会。1992年，「研究集団ことのは」設立。現在，「研究集団ことのは」代表，「教師力BRUSH-UPセミナー」顧問，「実践研究水輪」研究担当を務める傍ら，日本文学協会，全国大学国語教育学会，日本言語技術教育学会にも所属。主な著書に『全員参加を保障する授業技術』『必ず成功する「学級開き」魔法の90日間システム』『エピソードで語る教師の極意』（以上，明治図書）『学級経営10の原理・100原則』『一斉授業10の原理・100原則』（以上，学事出版）『反語的教師論』（黎明書房）その他，著書多数。

教師《きょうし》のための力量形成《りきりょうけいせい》の深層《しんそう》

2016年5月10日　初版発行　著　者　多《た》賀《が》一《いち》郎《ろう》
堀《ほり》　裕《ひろ》嗣《つぐ》
発行者　武馬久仁裕
印　刷　株式会社太洋社
製　本　株式会社太洋社

発　行　所　株式会社　黎《れい》明《めい》書《しょ》房《ぼう》

〒460-0002　名古屋市中区丸の内3-6-27　EBSビル
☎052-962-3045　FAX 052-951-9065　振替・00880-1-59001
〒101-0047　東京連絡所・千代田区内神田1-4-9　松苗ビル4階
☎03-3268-3470

落丁本・乱丁本はお取替します。　ISBN978-4-654-01931-1